此调研受到"国家自然科学基金重点项目71232003中国城市居

(2011)

中国消费金融调研报告

主　编　廖　理
副主编　张金宝　任静贤　宋　哲

China Survey of
Consumer Finances

经济科学出版社
Economic Science Press

前　言

　　消费金融是指由金融机构向消费者提供包括消费贷款在内的金融产品和金融服务。在消费金融比较发达的国家，由消费金融支持的消费在全部消费中占有较大的比重。近年来，我国的消费金融也有了长足的发展，汽车贷款、大件消费品贷款、信用卡等消费金融产品越来越多地走进了寻常百姓之家。消费金融的观念被越来越多的消费者，尤其是对未来经济状况有良好预期的年轻人所接受。随着互联网技术的兴起，各种消费金融产品和服务能够更加便捷地被普通大众所接触和使用，使得原来没有得到传统、主流金融体系服务的人群，现在有机会参与到各种金融活动中来。

　　在我国，消费金融真正地发展只有十余年，而早在20世纪20年代消费金融就已在美国悄然兴起。自那时起，分期付款的信用消费模式激发了耐用消费品的需求，促进了经济的发展。进入20世纪70年代，尤其是90年代以后，信息技术的发展和社会信用体系的逐步完善，使消费金融产品的使用更加便利、管理更加规范。消费金融的发展由此进入了新阶段。

　　与此同时，对消费金融的研究也开始引起政府部门、业界和学术界的高度关注。消费金融研究的关键在于如何获得研究所需要的数据，而被广为接受的获取数据的方式就是对居民消费金融的情况进行抽样调查。在这方面，美国的经验颇值得借鉴。在美国联邦储备委员会和财政部的联合资助下，美国从1961年开始展开消费金融的调查，并从1983年起每隔3年在全国范围内对居民家庭消费金融情况进行调查（Survey of Consumer Finances, SCF），其内容涵盖居民家庭的资产负债、收入、消费、投资等理财行为以及家庭的人口特征，至今已历经10次。这些数据被广泛地应用于美国政府相关部门和机构以及学术研究单位，这些数据本身以及相关的研究结论对政府机构全面深入地掌握居民消费金融的状况、制定正确的政策、促进消费金融的健康发展发挥了极其重要的作用。

他山之石，可以攻玉。美国的相关机构在消费金融面临大发展的时刻，敏锐地意识到了调查数据的必要性和重要性。目前，我国消费金融正处于一个重要的发展阶段，但我国消费金融领域的调查研究和数据积累却明显滞后，了解和把握我国消费金融的发展现状，充分发挥其促进消费的积极作用，开展对国内城镇居民家庭消费金融状况的调查研究就显得尤为迫切。为此，清华大学中国金融研究中心在花旗基金会的资助和支持下，于2008年开始，在全国范围内对城市居民家庭消费金融状况进行了抽样调查，并发布了《(2009)中国消费金融调研报告》。

在初次调研获得经验的基础上，通过广泛征求意见，2010年我们展开了第二次调研。在问卷的设计方面，一是进一步规范了家庭资产、收入、投资、借贷、保险、房产、医疗等方面的指标，使之尽量与国内的统计口径相一致，同时兼顾与国外指标的可比性。二是增加了反映家庭决策、风险偏好、社会环境等方面的指标，以便更好地反映家庭的金融行为。三是对家庭的投资，问卷内容不仅反映家庭的投资组合情况，也反映了投资组合给家庭带来的经济后果。四是对家庭的借贷反映更加全面，除反映正规的金融机构融资渠道外，也关注家庭民间借贷、信用约束和债务承受能力。在技术方案上也进行了调整，首先扩大了样本容量，对城市的选取综合考虑了地域因素和城市的经济发展水平，使其更具有代表性。在调研过程中，则加强了质量控制和数据的复核。

2011年，基于前两次调研的经验和样本的积累，我们在全国范围内开展了第三次调研，并增加了追踪样本。为了保证追踪样本的数据的可比性，2011年的调研问卷与2010年基本保持一致。《(2011)中国消费金融调研报告》中增加了专门的章节，介绍被跟踪的家庭在资产负债、收入消费等方面金融行为的变化。

感谢国家自然科学基金重点资助项目71232003"中国城市居民家庭/消费者金融研究"对本次调查的资助，感谢花旗集团基金会和泰安市商业银行对本次调查的支持，感谢相关调研公司对本次调研的积极配合，使第三次调查的城市居民家庭数增加到5 800家，涉及范围更广，覆盖面更大。我们希望通过持续的调查和系统的研究，努力建设中国消费金融学术研究和政策制定的基础数据平台。欢迎读者对我们的报告提出意见和建议，从而促使我们不断改进调查研究工作，为中国消费金融的健康发展和消费金融学术研究的繁荣贡献自己的一份力量。

廖 理

2014年2月于清华园

China Survey of Consumer Finances

To understand the current situation of consumer finance among Chinese metropolitan households, the Tsinghua University China Center for Financial Research have carried out three waves of nation-wide survey study on metropolitan households' consumer finance in the country. The survey covers more than 5000 families in 24 cities, including Beijing, Shanghai and Guangzhou, to be more representative in terms of geographic and economic perspective.

Based on the experience of previous survey and the widespread opinions from the society, the third *China Survey of Consumer Finances* has been greatly improved. This year, we include tracking samples, to contrast the changes of household balance sheets and financial behaviors.

The report is organized in five chapters. Chapter 1 presents the statistics of the after-tax income and net family wealth of Chinese households by their demographical characteristics, which include the survey respondents' ages, marital status, professions, education, and family sizes. Chapter 2 presents the statistics of assets and liabilities of Chinese metropolitan households, focusing on their asset sizes, structures and distribution. The report demonstrates information of households' durable consumption products, housing, different types of financial assets, commercial assets and mortgage, auto-loan, and short-term borrowing for consumption. Chapter 3 reports incomes and expenditure of Chinese metropolitan households. It compares different subsamples classified by household characteristics, economic areas and geographical locations. Chapter 4 introduces Chinese metropolitan households' financial consciousness and behaviors. It covers topics of financial management, savings, credit cards, financing, home renovation, automobile, education, durable consumption goods, insurance, and inheritance planning. Chapter 5 reports changes in the balance sheets, such as assets and debts, income and expense, and changes of some financial behaviors.

The report presents the survey methodology in appendix, including the survey location and survey respondent selection, and a glossary of important terms. It provides rich quantitative information on Chinese consumer finance from a household perspective. The report helps to understand consumer finance of Chinese metropolitan households, and yield implications on their financial consciousness and behaviors.

目 录

第 1 章
我国城市家庭收入和财富概况 ……………………………………… 1

第 2 章
我国城市家庭资产和负债状况 ……………………………………… 8
  2.1 资产状况 …………………………………………………… 10
      2.1.1 金融资产 ……………………………………………… 10
      2.1.2 非金融资产 …………………………………………… 37
  2.2 负债状况 …………………………………………………… 51

第 3 章
我国城市家庭的收支状况 …………………………………………… 58
  3.1 家庭收入 …………………………………………………… 60
  3.2 家庭支出 …………………………………………………… 89

第 4 章
我国城市家庭消费金融意识与行为 ………………………………… 90
  4.1 家庭理财 …………………………………………………… 90

4.2 家庭储蓄 …… 95
4.3 个人信用卡 …… 100
4.4 家庭消费 …… 108
4.5 家庭投资 …… 110
4.6 家庭融资 …… 121
4.7 住房 …… 131
4.8 退休与保险 …… 133
4.9 遗产规划 …… 133

第5章 对部分样本家庭的跟踪调查 …… 137

5.1 被跟踪家庭的基本经济情况 …… 137
    5.1.1 被跟踪调查家庭的资产和负债情况 …… 137
    5.1.2 被跟踪调查家庭的收入变动情况 …… 139
    5.1.3 被跟踪调查家庭的支出变动情况 …… 140
5.2 被跟踪家庭金融行为的变化情况 …… 142
    5.2.1 家庭理财 …… 142
    5.2.2 家庭储蓄 …… 144
    5.2.3 家庭投资 …… 144
    5.2.4 家庭融资 …… 147
    5.2.5 个人信用卡 …… 149

附录1 关于调研报告的说明 …… 151
附录2 重要术语的解释性说明 …… 153

图表目录

表索引

表1-1	家庭年度税后总收入、家庭净财富的人口分布特征（2010年）	2
表2-1	我国城市家庭各项资产和负债的总体状况（2010年）	9
表2-2	家庭持有的现金、活期存款与定期存款	11
表2-3	家庭持有股票、基金和债券的情况	17
表2-4	家庭持有储蓄性保险、养老金、企业年金和住房公积金等金融资产的情况	25
表2-5	家庭向亲友借款以及家庭持有的其他金融资产的情况	33
表2-6	家庭持有大件耐用消费品、保值商品和汽车的情况	39
表2-7	家庭拥有的商业资产和房产情况	46
表2-8	家庭的负债状况	52
表3-1	我国城市家庭收入状况（2010年）	59
表3-2	我国城市家庭支出状况（2010年）	60
表3-3	我国城市家庭经营性收入与工薪收入的人口分布特征（2010年）	64
表3-4-1	我国城市家庭投资性收入的人口分布特征（2010年）	69
表3-4-2	我国城市家庭投资性收入的人口分布特征（2010年）	74
表3-5	我国城市居民转移性收入及个人缴纳的三险一金的人口分布特征（2010年）	83
表4-1	我国城市家庭理财规划年限（年）	93
表4-2	我国城市家庭对不同期限的储蓄的选择情况（%）	100
表4-3	使用信用卡的居民平均月还款额（元）	102
表4-4	使用信用卡的居民每年使用信用卡的平均次数	102
表4-5	我国居民持有各种投资产品数量的情况（%）	118
表4-6	我国居民对各种投资品的持有率情况（%）	118
表4-7	我国居民对各种投资产品的风险评价	119

表4-8	我国居民住房拥有情况（按地区分）	132
表4-9	我国居民期望的退休年龄	133
表4-10	继承遗产的数额（元）	135
表5-1	被跟踪家庭的资产负债表对比	138
表5-2	被跟踪家庭的收入变动情况	141
表5-3	被跟踪家庭的支出变动情况	142

图索引

图4-1-1	我国城市家庭理财意识（%）	91
图4-1-2	我国城市家庭对各种理财方式及信息的关注度（%）	91
图4-1-3	我国城市家庭理财的主要目的	92
图4-1-4	我国城市家庭获取理财信息的主要途径	92
图4-1-5	我国城市家庭最需要的理财培训指导	93
图4-1-6	我国城市家庭理财培训方式的偏好	93
图4-1-7	我国城市家庭做理财决策时进行的比较（%）	94
图4-1-8	对未来一年家庭收入的预期（%）	95
图4-2-1	我国城市家庭总体储蓄状况	96
图4-2-2	我国城市家庭储蓄的主要动机	96
图4-2-3	我国城市家庭选择储蓄银行所考虑的因素	97
图4-2-4	我国城市家庭对储蓄利率的评价（%）	97
图4-2-5	我国城市家庭面对更多投资选择时的储蓄倾向（%）	98
图4-2-6	我国城市家庭储蓄占总支出比重	99
图4-3-1	我国居民基于收入是否申请过信用卡的分布（%）	101
图4-3-2	居民注销、更换信用卡的情况	101
图4-3-3	我国居民对信用卡分期付款功能的使用情况	102
图4-3-4	我国居民办理信用卡的用途	102
图4-3-5	我国居民对信用卡信用额度的评价（%）	103
图4-3-6	我国居民信用卡欠款情况（%）	104
图4-3-7	我国居民信用卡主要还款方式（%）	104
图4-3-8	我国居民对信用卡和储蓄卡的偏好（%）	105
图4-3-9	我国居民是否使用信用卡过度消费（%）	106

图 4-3-10　我国居民对信用卡取现需支付较高手续费和
　　　　　　利息的了解程度（%） ……………………………… 106
图 4-3-11　我国居民对信用卡存在风险的了解程度（%） ……… 107
图 4-3-12　我国居民对个人信用违约后果的了解程度（%） …… 107
图 4-4-1　我国居民用住房作抵押借款消费的
　　　　　意愿（按地区分组,%） ……………………………… 108
图 4-4-2　我国居民用住房作抵押借款消费的
　　　　　意愿（按城市类型分组,%） ………………………… 109
图 4-4-3　我国居民贷款买车的意愿（按地区分,%） ………… 109
图 4-4-4　我国居民贷款买车的意愿（按城市类型分,%） …… 110
图 4-5-1　我国居民对股票的了解程度（%） ………………… 111
图 4-5-2　我国居民对基金的了解程度（%） ………………… 111
图 4-5-3　我国居民对债券的了解程度（%） ………………… 112
图 4-5-4　我国居民对其他金融产品的了解程度（%） ……… 112
图 4-5-5　我国居民对商业投资的了解程度（%） …………… 113
图 4-5-6　我国居民对房产投资的了解程度（%） …………… 113
图 4-5-7　我国居民对收藏品投资的了解程度（%） ………… 114
图 4-5-8　我国居民投资股票的情况（%） …………………… 115
图 4-5-9　我国居民投资基金的情况（%） …………………… 115
图 4-5-10　我国居民投资债券的情况（%） ………………… 116
图 4-5-11　我国居民投资外汇的情况（%） ………………… 116
图 4-5-12　我国居民投资保值品的情况（%） ……………… 117
图 4-5-13　我国居民投资房产的情况（%） ………………… 117
图 4-5-14　我国居民投资时的风险厌恶情况（%） ………… 120
图 4-5-15　我国居民对亲友提出投资建议时的态度 ………… 120
图 4-5-16　我国居民对未来 5 年中国经济发展的预期 ……… 121
图 4-6-1　我国居民首选的借款对象（%） …………………… 121
图 4-6-2　我国居民对借款难易程度的评价（%） …………… 122
图 4-6-3　我国居民对借款难易程度的评价（按收入,%） … 123
图 4-6-4　我国居民向亲友借款时支付的利率情况 …………… 123
图 4-6-5　我国居民向亲友借钱的方式 ………………………… 124
图 4-6-6　我国居民对购房贷款的了解程度（%） …………… 124
图 4-6-7　我国居民对购车贷款的了解程度（%） …………… 125

图 4-6-8　我国居民对装修贷款的了解程度（%）……………… 125
图 4-6-9　我国居民对教育贷款的了解程度（%）……………… 126
图 4-6-10　我国居民对商业经营贷款的了解程度（%）………… 126
图 4-6-11　我国居民对大件消费贷款的了解程度（%）………… 127
图 4-6-12　我国居民是否了解可以向保险公司借款（%）……… 128
图 4-6-13　我国居民是否了解可以向典当公司借款（%）……… 128
图 4-6-14　我国居民对债务的承受能力（按年收入分,%）…… 129
图 4-6-15　我国居民对债务的承受能力
　　　　　（按家庭总财富分,%）……………………………… 130
图 4-6-16　我国居民对债务的承受能力
　　　　　（按风险厌恶程度分,%）…………………………… 131
图 4-7-1　无住房的居民没有买房的原因 ……………………… 132
图 4-7-2　我国居民买房资金来源 ……………………………… 132
图 4-8　我国居民缴纳养老金是否能满足退休后生活需求 ……… 133
图 4-9-1　我国居民继承遗产的情况（按城市分,%）………… 134
图 4-9-2　我国居民继承遗产的情况（按地区分,%）………… 134
图 4-9-3　遗产继承来源 ………………………………………… 135
图 4-9-4　是否打算为子女或他人留下遗产（%）……………… 135
图 4-9-5　我国居民对遗产做规划的意愿 ……………………… 136
图 4-9-6　打算规划遗产的居民对开征遗产税的关注情况 …… 136
图 4-9-7　愿意或可能捐赠遗产的居民遗产捐赠的对象 ……… 136
图 5-1　被跟踪的一线城市家庭具有理财规划的比例 ………… 143
图 5-2　被跟踪家庭理财目的的变化情况 ……………………… 143
图 5-3　被跟踪的家庭理财信息渠道的变化情况 ……………… 144
图 5-4　被跟踪的家庭选择储蓄银行时考虑因素变化情况 …… 145
图 5-5　家庭对储蓄和投资的态度 ……………………………… 145
图 5-6　被跟踪家庭持有股票的变化情况 ……………………… 146
图 5-7　被跟踪家庭持有基金的变化情况 ……………………… 146
图 5-8　被跟踪家庭对常见的集中投资方式的风险评价 ……… 147
图 5-9　家庭对申请住房贷款难度的认识 ……………………… 148
图 5-10　家庭对申请住房装修贷款的难度认识的变化 ………… 148
图 5-11　家庭申请教育贷款的难度认识的变化情况 …………… 149
图 5-12　关于信用卡使用额度是否合适的调查结果 …………… 149
图 5-13　偿还信用卡债务发生延期支付的情况 ………………… 150

第 1 章

我国城市家庭收入和财富概况

消费金融调研（2011年）对我国城市家庭的收入、财富做了细致的调查。通过这些调研数据，读者将获得关于我国城市居民家庭年度税后总收入和家庭净财富按人口特征的分布情况。这些人口特征包括家庭受访者的年龄①、受访者的婚姻状况、受访者的职业、受访者的教育程度、家庭需要抚养的子女数、家庭需要赡养的老人数、家庭总人口、家庭所在城市的地理分布、家庭所属的城市类型等②。通过对这些变量的分类，我们能够更详细地刻画我国城市居民家庭的收入和财富分布状况（见表1-1）。

在阐述表1-1的内容之前，首先对表中的指标内容做出简单解释。关于收入和净财富③，本报告的计算指标分别为"平均值"、"加权价值比例"和"家庭比例"。平均值的计算过程如下：首先将家庭按照某一特定的人口特征变量的不同取值进行分组，然后计算每组中全部家庭的收入或财富的"平均值"，这个平均值代表样本的家庭个数，反映了该

---

① 本次调研我们要求受访者必须是家庭的"户主"，这里的"户主"并非通常所指的公安部门户籍管理意义上的"户主"，而是指在家庭经济和金融决策中起主导或支配作用的家庭成员。因此，在本报告中"户主"和受访者通常是一个概念，我们将视行为所表述的具体语境交替使用上述两个词汇。

② 考虑到本次调研尝试对2010年的调研中的部分家庭进行跟踪调查，以探索跟踪调查的方法。因此，本次调研城市选择与2010年调研的城市相同。分别为：北京、沈阳、上海、济南、广州、重庆、西安和武汉（第一类城市）；包头、吉林、徐州、南昌、海口、昆明、乌鲁木齐、洛阳（第二类城市）；朔州、伊春、安庆、泉州、桂林、攀枝花、白银、株洲（第三类城市）。

③ 家庭的净财富等同于家庭的总资产减去家庭的总负债。

表 1-1　家庭年度税后总收入、家庭净财富的人口分布特征（2010 年）

	年度税后总收入		家庭净财富		家庭比例(%)
	均值	加权价值比例（%）	均值	加权价值比例（%）	
年龄分组					
25 岁以下	82 786	8.48	570 793	7.77	9.16
25~34 岁	101 959	42.47	731 508	40.54	37.27
35~40 岁	96 488	18.68	667 030	17.18	17.32
41~50 岁	88 379	20.16	663 683	20.14	20.41
51~60 岁	60 432	6.90	661 113	10.05	10.22
60 岁以上	52 730	3.31	516 704	4.32	5.62
婚姻状况					
未婚	95 015	24.23	710 775	24.11	22.80
已婚	89 706	72.61	671 548	72.30	72.36
其他（离异或丧偶）	58 363	3.16	499 033	3.59	4.84
受访者职业					
政府机关、党群组织的负责人或中高级官员	145 309	4.41	1 073 890	4.34	2.71
企业事业单位的管理人员	113 942	17.24	905 046	18.20	13.50
政府或企业事业单位的普通员工	99 888	19.93	761 111	20.18	17.80
专业技术人员或其他专业人士	90 357	9.71	665 254	9.50	9.59
技术工人	61 107	8.52	412 155	7.64	12.44
个体户	101 730	18.92	728 599	18.01	16.59
自由职业者	75 069	3.88	571 269	3.92	4.61
其他职业	81 133	9.86	555 680	8.97	10.84
待业	52 573	1.79	372 773	1.68	3.03
退休	57 735	5.75	569 651	7.54	8.89
受访者学历					
初中及以下	52 353	13.19	369 172	12.39	22.55
高中及中专	76 659	28.51	570 811	28.27	33.28
本科及大专	114 911	53.45	873 354	54.08	41.62
硕士	166 698	4.45	1 365 795	4.86	2.39
博士	224 120	0.40	1 704 091	0.41	0.16
需要抚养的子女数					
无	99 896	40.61	768 447	41.57	36.38
1 人	84 264	45.82	624 022	45.15	48.66
2 人	83 829	11.01	626 883	10.95	11.75
3 人以上	71 025	2.56	487 562	2.33	3.22

续表

	年度税后总收入		家庭净财富		家庭比例(%)
	均值	加权价值比例（%）	均值	加权价值比例（%）	
需要赡养的老人数					
无	77 854	24.54	620 822	26.03	28.19
1 人	65 133	9.55	517 262	10.09	13.12
2 人	100 832	36.58	725 218	35.00	32.45
3 人	93 057	8.60	681 039	8.38	8.27
4 人以上	103 125	20.72	767 270	20.51	17.97
家庭总人口					
1 位	66 681	3.40	503 988	3.42	4.56
2 位	84 201	10.12	692 562	11.08	10.74
3 位	81 726	33.66	641 768	35.20	36.82
4 位	96 051	33.25	691 145	31.87	30.95
5 位以上	103 394	19.57	730 938	18.42	16.92
地区标识变量					
东北地区	65 436	7.23	448 589	6.59	9.88
华北地区	132 549	16.03	1 260 390	20.28	10.82
华东地区	119 848	34.75	1 001 945	38.65	25.94
华南地区	104 820	10.98	691 161	9.63	9.37
华中地区	73 294	8.10	498 481	7.33	9.89
西北地区	47 276	12.10	269 243	9.17	22.90
西南地区	86 437	10.81	501 448	8.34	11.19
城市类型					
第一类城市	141 422	45.83	1 287 848	55.52	28.99
第二类城市	82 124	12.54	558 181	11.34	13.66
第三类城市	64 959	41.63	388 623	33.14	57.34
收入划分变量					
1~10 000 元	5 103	0.16	283 670	1.20	2.86
1 0001~20 000 元	16 090	1.31	230 791	2.55	7.46
20 001~50 000 元	35 095	12.40	281 130	13.48	32.43
50 001~100 000 元	71 582	25.00	582 956	27.63	32.05
100 001~200 000 元	137 009	25.50	1 067 675	26.97	17.08
200 001~500 000 元	292 651	19.83	1 917 615	17.64	6.22
≥500 001 元	767 204	15.80	3 765 517	10.53	1.89

组家庭收入和财富的平均水平。"加权价值比例"的计算方法是，将计算所得的每组年度税后总收入均值和家庭净财富均值与其所代表的人口权重相乘，得到该组的年度税后总收入或家庭净财富的总量；然后计算它在整个样本所代表的总收入或净财富总量中所占的比重。这个比重反映了整个家庭的总财富在各个组别中的分布情况。"家庭比例"在考虑人口权重后，每组的家庭占全部样本所代表的家庭的比重，反映的是家庭数目在各个组别中的分布状况。

受访者年龄组

从受访者年龄分组来看，25 岁以下的受访者所占比例仅为 9.16%，更多的受访者年龄分布在 25～34 岁、35～40 岁和 41～50 岁等三个年龄段，所占比例分别为 37.27%、17.32% 和 20.41%。在调研的过程中，由于我们要求接受调查的家庭成员必须在家庭的经济活动决策中起主导或支配作用，熟悉家庭的经济状况，因此可以看出，就我国城市家庭而言，家庭决策者的年龄也主要集中在这三个年龄段，而在 51～60 岁和 60 岁以上年龄段受访者的比例则相对较小，仅为 10.22% 和 5.62%。

从家庭年度税后总收入和家庭净财富的角度看：户主年龄为 25～34 岁年龄组的家庭，其平均年度税后总收入在所有年龄组中最高，积累的家庭净财富也最多。随着户主年龄的增加，家庭平均年度税后总收入和家庭净财富的积累呈下降的趋势。户主年龄在 25 岁以下的家庭年度税后总收入相对较少，户主年龄在 60 岁以上的家庭的收入在所有年龄组中水平最低，平均仅为 52 730 元。该组家庭所拥有的净财富的平均值也最低，不足 52 万元。在全部家庭的财富总量中，所占的份额仅为 4.32%。

受访者婚姻状况组

从调研结果看，受访者的婚姻状况明显影响家庭的年度税后总收入和净财富。受访者的婚姻状况为未婚，其家庭的年度税后总收入和净财富为最高。若受访者的婚姻状况为离异或丧偶状态，家庭的收入和财富比未婚家庭分别低 36 652 元和 211 741 元。这些数据表明，离异或丧偶对家庭的经济状况有较大影响。已婚受访者的家庭收入和财富也低于未婚的受访者。总体来看，受访者为未婚、离异或丧偶两类婚姻状况的家庭，其财富和收入在所有家庭的收入和财富总量中所占的比重并不高。

受访者职业组

从受访者的职业分组看：（1）受访者为政府机关、党群组织的负责人或中高级官员的家庭，年度税后总收入最高，达到 14 万多元；但在全部家庭收入中所占比重不大，约为4.41%。其次是受访者为企业事业单位的管理人员的家庭，家庭收入达到113 941元，在全部家庭收入中所占的比重为17.24%。受访者为待业人员的家庭收入最低，平均只有52 573元，在全部家庭收入中所占的比重也较低，约为1.79%。(2) 从家庭净财富的角度看，平均净财富最高的家庭的受访者所从事的职业为政府机关、党群组织的负责人或中高级官员，尽管其在全部家庭财富中的比例仅为4.34%。其次是企业事业单位的管理人员，他们的家庭净财富超过了90万元。受访者为待业的家庭所拥有的净资产较低，仅为37万多元。

受访者学历组

绝大多数受访者的学历在本科以下，约占全部家庭的55.83%。其中，受访者学历在初中及以下的家庭约占全部家庭的22.55%；受访者学历为高中及中专的家庭约占全部家庭的33.28%；受访者学历为本科及大专的受访者家庭最多，约占全部家庭的41.62%；受访者为硕士和博士的家庭所占的比例较小，分别为2.39%和0.16%。

总体来看，家庭的收入随着受访者学历的提高呈增长趋势，表明户主学历较高的家庭更有可能获得较高的收入；家庭净财富随着受访者学历的提高明显呈上升趋势，说明教育对提高家庭收入和净财富具有明显的正效应。

家庭需要抚养的子女数组

调研结果显示，我国绝大多数的城市家庭抚养的子女数不超过2个。其中，没有抚养子女的家庭约占总数的36.38%，只抚养1个子女的家庭约占全部家庭总数的48.66%。只有3%左右的家庭需要抚养的子女数超过3个。

从收入和财富的角度看，没有抚养子女的家庭的平均收入最高为99 896元，比抚养1个子女的家庭多出15 632元，比抚养2个子女的家庭多出16 067元。这说明，抚养子女过多影响家庭的收入水平。从资产的角度看，抚养1个子女的家庭平均净财富较高，占全部家庭净财富总量的48.66%；抚养2个子女的家庭和抚养1个子女的家庭的净财富平均水平比较接近。从统计结果看，抚养3个及3个以上子女的家庭的资产水平较低，只有487 562元。这表明，抚养子女过多影响家庭财富的积累。

家庭需要赡养的老人数组

约74%的受访家庭需要赡养的老人不超过2位。其中不需要赡养老人的家庭数目占全部家庭总数的28.19%左右；需要赡养2位老人的家庭比例最大，为32.4%。从收入的角度看，家庭的年度税后总收入与家庭抚养老人的数目之间没有显著性关系。这可能缘于城市中多数老人有一定的退休金作为退休后生活的来源，老人的退休金同样构成家庭收入的一部分。同样，家庭赡养老人的数目，与家庭净财富的平均水平之间的关系也不显著。从调研数据看，赡养2位老人的家庭和赡养4位以上老人的家庭，其家庭净财富的平均值较高；而需要赡养1位老人的家庭，净财富的平均值最低。

家庭总人口组

从家庭总人口指标看，三口之家占我国家庭总数的36.82%，这与家庭需要抚养的子女为1个（48.66%）相对应。表明现阶段我国多数城市居民家庭均为三口之家。其次是四口之家，约占我国家庭总数30.95%；有5位以上家庭成员、2位家庭成员和1位家庭成员的家庭所占的比例依次递减，分别为16.92%、10.74%和4.56%。

从收入方面看，随着家庭成员的增多，家庭收入呈增加的趋势。家庭的净财富也呈逐渐增多的趋势。其中三口之家的家庭收入占全部家庭收入总和的33.66%，其家庭净财富占全部家庭净财富的35.20%。

地理分布组

本次调研城市样本量增加到24个。这24个城市分布在我国的东北、华北、华东、华南、华中、西北和西南地区。从地理分布上看，华北地区家庭的年度税后收入和家庭的净财富最高，分别为132 549元和1 260 390元。华东地区的家庭位居其次，平均收入为119 848元，平均家庭净财富为1 001 945元，分别高于华南地区104 820元、691 161元。再次是西南、华中、东北地区的家庭。城市居民家庭的收入和净财富最低的是西北地区，家庭年税后收入只有47 276元，家庭净财富仅为269 243元。

城市分类组

本次调研仅限于全国地级以上的城市。根据城市的发展水平，我们将城市分为三大类：第一类是经济发达的城市，即在所属的地理区划中为中心城市；第二类是经济比较发达的地级城市。第三类则是经济发展水平一般的城市。调研结果显示：居住在经济发达的中心城市的家庭，其年均税后收入达到141 422元，家庭所拥有的净财富平均达到1 287 848元。尽管这些家庭只有全部家庭总数的28.99%，但在全部家庭总收入和净财富中的占比却明显大于这个比例，分别达到45.83%和55.52%。在第二类城市中，家庭平均年税后收入为82 124元，家庭资产达到558 181元。调查显示，超过一半的家庭居住在经济发展水平一般的地级城市，这部分家庭的年收入为64 959元，净资产约为388 623元，都不及经济发达的大城市居民家庭的一半。从财富总量上看，由于这部分家庭收入和净资产平均水平较低，在全部家庭总收入和净财富中的占比小于其家庭数目占比。

家庭年度税后总收入分组

从统计结果看：（1）收入在2万~5万元的家庭约占全部家庭总数的32.43%，收入水平在5万~10万元的家庭总数约占全部家庭总数的32.05%。后者所拥有的家庭税后总收入和家庭净财富总量，约为前者的2倍。表明财富相对集中于年收入水平在5万元至10万元的家庭。（2）从收入与财富的相互关系看，除了10 000元以下收入的家庭外，家庭的税后收入与家庭的净财富呈明显的正向关系，意味着家庭收入是我国城市居民家庭财富积累的主要源泉。

第2章

我国城市家庭资产和负债状况

随着金融改革的逐步推进,我国金融市场逐渐完善,债券、股票、基金等金融产品开始走进普通百姓家庭。一方面为家庭提供了投资渠道,家庭通过投资资本市场可以分享我国企业的经营成果;另一方面意味着来自家庭外部的经济波动、企业的经营风险等也能通过资本市场传导给家庭。此外,消费信贷的发展使得家庭拥有了更多的借款渠道,家庭可通过负债的形式实现提前消费。但是对于家庭而言,消费信贷也应该有限度,否则过度的负债容易使家庭陷入困境,影响社会和谐与稳定。因此,了解我国城市居民家庭购买的金融产品情况、消费信贷情况,乃至整个资产配置的情况具有十分重要的意义。

从表2-1所示的调研结果看:我国城市每个居民家庭所拥有的资产总额平均约为718 010元,家庭拥有的净资产约为672 508元。在总资产中,所占份额最高的是房产,约占家庭资产的68.60%;其次是定期存款,占家庭资产总额的4.53%;而家庭拥有的活期存款约占家庭总资产的3.92%。从总体看,存款在家庭资产中的占比为第二位,接近8.5%;然后是自有汽车约占家庭总资产的3.82%,表明汽车开始逐渐走入更多的居民家庭。需要说明的是:拥有现金、房产和存款(活期)的家庭超过了80%,表明这三种资产仍是我国绝大多数城市家庭持有资产的主要形式。在家庭投资产品中,持有保值商品的家庭较多,占全部家庭总数的44.28%,购买储蓄性保险的家庭占比为29.02%;相比之下,投资股票和基金的家庭则相对少些,分别占家庭总数的22.65%

和 17.39%。这说明，我国城市居民家庭更倾向于比较安全的投资方式；而家庭汽车贷款和住房贷款等比例相对偏低，仅为 2.32% 和 17.99%，表明我国面向城市居民家庭的消费信贷仍有较大的发展空间。

表 2-1　我国城市家庭各项资产和负债的总体状况（2010 年）

	均值	资产占比（%）	参与率（%）
现金数值	17 079	2.38	96.23
活期存款	28 121	3.92	85.76
基金价值	7 248	1.01	17.39
国债	1 232	0.17	4.99
企业债	687	0.10	2.03
借给亲友的钱	6 155	0.86	21.72
定期存款	32 514	4.53	60.73
储蓄性保险	6 419	0.89	29.02
股票市值	11 839	1.65	22.65
其他金融资产	7 327	1.02	8.14
养老金账户	13 600	1.89	58.32
企业年金	4 437	0.62	24.24
住房公积金	8 822	1.23	44.65
大件耐用品	18 602	2.59	75.16
保值商品	16 836	2.34	44.28
商业资产	17 145	2.39	14.12
自有汽车	27 424	3.82	26.56
自有房产	492 523	68.60	80.22
总资产小计	718 010	100.00	
购房银行贷款	28 412	3.97	17.99
购房向亲友借款	12 196	1.70	15.34
汽车贷款	1 435	0.20	2.32
其他长期借款	2 088	0.29	2.50
短期消费贷款	475	0.07	5.90
其他短期贷款	896	0.13	2.84
总负债小计	45 502	6.36	
家庭净资产（总资产-总负债）	672 508		

2.1 资产状况

2.1.1 金融资产

1. 现金、活期存款和定期存款

现金和活期存款是家庭持有的流动性最强的金融资产，家庭主要用这部分资产来满足日常的支付需求。家庭持有定期存款主要是为了储蓄。从风险的角度看，现金、活期存款和定期存款是家庭中最安全的金融资产。家庭持有现金的比率高于家庭持有活期存款的比率。具体的统计结果如表2-2所示。

年龄分组

从年龄分组的情况看，家庭持有现金的比率基本相同。户主年龄在50岁以下的家庭，其现金持有率都在90%以下；当户主年龄超过60岁，家庭持有的现金水平明显降低；而年龄在25~34岁的家庭组别中，活期存款均值达到最高水平，为32 487元。从定期存款的调查结果看，户主年龄在25岁以下的家庭，其持有定期存款的比例为46.36%，这一比例仅仅略高于户主年龄在60岁以上的家庭，并且该组家庭的定期存款的绝对额度显著低于户主年龄处在其他年龄段的家庭。随着户主年龄的增加，家庭持有定期存款的额度也在逐渐增加，当户主年龄在35~40岁时，家庭定期存款的额度最高，显示家庭在这一阶段储蓄达到最高值。此后，家庭定期存款的额度有所下降，而户主年龄在60岁以上的家庭，由于家庭主要成员已经退休，定期存款的水平明显下降。

婚姻状况组

从婚姻的角度来看，家庭持有现金和活期存款的比率与前文所述的家庭收入是相似的。受访者为未婚的家庭，平均持有的现金和活期存款均高于受访者是已婚、"离异或丧偶"的家庭。就定期存款而言，已婚家庭组别的均值最高，为33 867元，也说明已婚家庭的风险厌恶程度相对较高，需要更多的定期储蓄来应对生活中的突发事件。

受访者职业分组

从受访者的职业看，户主职业为政府机关或党群组织的负责人或中高级官员的家庭所持有的现金、活期存款和定期存款，无论是从持有比例还是绝对额度上

表2-2 家庭持有的现金、活期存款与定期存款

	现金数值			活期存款			定期存款		
	平均值	价值占比（%）	持有率（%）	平均值	价值占比（%）	持有率（%）	平均值	价值占比（%）	持有率（%）
年龄分组									
25岁以下	16 289	8.74	92.03	25 242	10.78	77.08	18 809	5.30	46.36
25～34岁	20 198	44.08	94.24	32 487	51.38	84.14	32 344	37.08	53.25
35～40岁	19 732	20.01	93.15	30 324	24.35	77.35	38 169	20.33	54.90
41～50岁	13 903	16.61	91.32	28 536	28.11	74.47	34 501	21.66	57.25
51～60岁	13 358	7.99	84.70	18 809	9.69	71.51	36 035	11.33	52.95
60岁以上	7 799	2.57	83.32	12 497	3.97	63.72	24 927	4.31	42.93
婚姻状况									
未婚	18 750	25.05	94.46	31 359	25.43	84.53	30 307	21.24	51.94
已婚	16 706	70.85	91.66	27 738	71.39	76.98	33 867	75.32	54.49
其他（离异或丧偶）	14 447	4.10	78.20	18 498	3.18	60.06	23 114	3.44	37.74
受访者职业									
政府机关、党群组织的负责人或中高级官员	34 955	5.56	98.72	66 227	6.39	88.67	73 089	6.08	73.25
企业事业单位的管理人员	16 905	13.39	90.28	30 279	14.55	81.86	43 886	18.19	61.53
政府或企业单位的普通员工	14 721	15.38	94.10	28 829	18.27	83.15	32 287	17.64	59.66
专业技术人员或其他专业人士	17 513	9.86	98.15	27 941	9.54	85.12	33 320	9.81	55.41
技术工人	19 513	14.25	94.10	17 582	7.79	71.79	24 693	9.43	49.25
个体户	23 691	23.07	92.13	42 568	25.14	77.37	38 627	19.67	53.93
自由职业者	17 766	4.81	93.11	22 314	3.66	77.83	23 092	3.27	44.11
其他职业	11 581	7.37	85.21	21 128	8.15	72.20	18 970	6.31	35.97

续表

	现金数值			活期存款			定期存款		
	平均值	价值占比（%）	持有率（%）	平均值	价值占比（%）	持有率（%）	平均值	价值占比（%）	持有率（%）
待业	9 301	1.65	93.23	14 860	1.60	68.71	21 068	1.96	44.64
退休	8 947	4.67	81.68	15 545	4.92	69.55	27 951	7.63	50.74
学历									
初中及以下	14 676	19.39	86.24	16 735	13.40	64.09	19 245	13.33	41.17
高中及中专	14 047	27.40	92.66	23 389	27.63	77.58	30 428	31.11	54.04
本科及大专	20 191	49.25	93.38	36 471	53.89	84.54	38 269	48.93	57.69
硕士	24 173	3.39	97.36	55 925	4.75	94.12	85 414	6.27	72.28
博士	61 604	0.58	100.00	58 991	0.34	100.00	72 592	0.36	78.31
需要抚养的子女数									
无	18 129	38.61	93.64	30 250	39.13	82.17	33 244	37.19	51.14
1人	13 407	38.19	90.66	26 689	46.18	78.06	32 563	48.73	56.38
2人	27 459	18.89	94.39	27 428	11.46	72.18	31 601	11.42	46.26
3人以上	22 826	4.30	74.39	28 239	3.23	47.07	26 845	2.66	49.99
需要赡养的老人数									
无	14 463	23.87	90.90	23 512	23.57	79.47	29 515	25.59	52.29
1人	12 779	9.82	91.58	18 650	8.70	69.89	22 318	9.01	41.49
2人	18 695	35.52	94.15	34 095	39.34	80.23	36 887	36.82	59.60
3人	14 531	7.04	90.64	25 742	7.57	73.76	32 810	8.35	48.42
4人以上	22 582	23.76	88.86	32 576	20.82	78.94	36 599	20.23	53.32
家庭总人口									
1人	13 976	3.74	93.59	22 926	3.72	75.88	22 473	3.15	44.33

续表

	现金数值			活期存款			定期存款		
	平均值	价值占比(%)	持有率(%)	平均值	价值占比(%)	持有率(%)	平均值	价值占比(%)	持有率(%)
2人	14 424	9.09	92.80	23 943	9.15	76.74	30 824	10.18	50.10
3人	11 426	24.68	89.40	24 067	31.53	79.97	32 715	37.03	56.13
4人	22 336	40.56	92.99	29 662	32.67	75.45	30 427	28.95	47.62
5人以上	22 093	21.93	92.69	38 081	22.93	79.25	39 791	20.70	61.15
地理分布									
东北地区	8 615	4.98	95.89	20 696	7.27	71.12	30 477	9.26	52.82
华北地区	28 352	17.96	96.37	42 593	16.39	77.62	60 372	20.09	60.39
华东地区	23 736	36.06	95.04	38 983	35.96	85.30	45 052	35.95	62.77
华南地区	19 823	10.88	94.05	37 610	12.53	86.22	33 591	9.68	54.27
华中地区	8 397	4.86	99.82	25 933	9.12	96.74	30 250	9.20	66.58
西北地区	13 441	18.02	75.47	10 071	8.20	54.91	12 147	8.56	28.71
西南地区	11 036	7.23	97.44	26 433	10.52	85.04	21 088	7.26	49.68
城市类型									
第一类城市	24 207	41.09	97.07	40 894	42.16	87.29	55 225	49.25	61.66
第二类城市	11 423	9.14	96.07	27 298	13.26	85.84	30 642	12.88	64.53
第三类城市	14 822	49.77	87.48	21 859	44.58	70.20	21 476	37.88	43.86
收入划分变量									
1~10 000元	2 296	0.38	71.04	5 822	0.58	52.69	7 327	0.63	18.43
10 001~20 000元	5 925	2.55	78.40	9 333	2.44	54.65	4 305	0.97	21.15
20 001~50 000元	7 027	13.15	92.09	10 207	11.58	68.64	14 094	13.84	45.31

续表

	现金数值			活期存款			定期存款		
	平均值	价值占比（%）	持有率（%）	平均值	价值占比（%）	持有率（%）	平均值	价值占比（%）	持有率（%）
50 001~100 000 元	12 744	23.57	94.23	24 634	27.63	84.77	31 479	30.54	59.25
100 001~200 000 元	28 253	27.85	94.93	44 372	26.52	90.61	49 353	25.52	67.37
200 001~500 000 元	58 282	20.92	97.87	78 736	17.14	92.50	86 078	16.21	65.15
≥500 001 元	106 210	11.58	99.30	213 370	14.11	92.21	214 910	12.30	67.77
净资产分类变量									
≤0 元	2 193	0.23	57.33	2 775	0.18	31.17	3 288	0.18	13.38
1~20 000 元	2 915	0.70	86.69	1 580	0.23	46.68	798	0.10	13.14
20 001~50 000 元	5 010	1.34	97.14	7 748	1.26	75.83	4 736	0.67	38.40
50 001~100 000 元	5 547	2.81	77.94	8 324	2.56	57.95	6 259	1.67	31.74
100 001~500 000 元	8 404	21.08	90.35	14 757	22.48	75.22	16 913	22.29	48.99
500 001~1 000 000 元	14 928	17.01	96.56	31 011	21.46	90.28	36 178	21.65	65.48
1 000 001~3 000 000 元	39 931	34.72	97.87	59 948	31.66	88.76	72 168	32.96	68.32
≥3 000 001 元	100 680	22.11	97.19	151 261	20.17	89.89	177 608	20.48	71.61
家庭总财富									
1~20 000 元	1 952	0.50	82.85	1 517	0.24	40.05	600	0.08	11.10
20 001~50 000 元	5 541	1.49	97.29	7 171	1.17	76.13	4 952	0.70	40.46
50 001~100 000 元	4 597	2.20	75.18	8 795	2.55	59.23	6 451	1.62	31.41
100 001~500 000 元	8 294	20.44	89.65	14 015	20.98	73.50	16 381	21.21	47.72
500 001~1 000 000 元	14 008	16.77	97.15	29 126	21.17	89.86	32 808	20.63	63.23
1 000 001~3 000 000 元	37 661	35.44	97.21	55 679	31.82	88.29	64 974	32.11	68.36
≥3 000 001 元	96 465	23.17	97.11	151 306	22.07	90.43	187 470	23.65	71.45

都显著高于户主为其他职业组别的家庭，分别达到 34 955 元（98.72%）、66 227 元（88.67%）、73 089 元（73.25%）。此外，户主处在待业或退休状态的家庭，现金和活期存款的数额相对于其他职业组别较低，而户主为"其他职业"的家庭定期存款的数额在所有职业分组的家庭中最低，仅为 18 970 元。

受访者学历组

从学历分组的角度看，户主的文化程度为博士的家庭所持有的现金水平最高，达到了 61 604 元；其次是户主文化程度为硕士、本科及大专学历的两组家庭；户主文化程度为高中及中专的家庭，所持有的现金最低。这种变化趋势与家庭持有的活期存款基本一致，只是学历在初中及以下组别的家庭拥有的活期存款均值最低，为 16 735 元。定期存款的持有率随着家庭户主学历的提高而增加：在户主为初中及以下学历组别中，仅有 41.17% 的家庭拥有定期存款，而当户主的学历为博士时，家庭持有定期存款的比率达到 78.31%。总体上，家庭持有定期存款额度随学历的提高逐步增加；但有例外，户主为硕士学位的家庭，其定期存款额度高于户主为博士学位的家庭 12 822 元。

家庭需要抚养的子女数、需要赡养的老人数、家庭总人口

从抚养子女人数的角度看，无子女和 1 个子女家庭持有的现金、活期存款和定期存款所占的份额均较高。家庭人口数量越多，家庭的经济活动所涉及的支付需求越多，当这种需求有经济基础支撑时，就表现为家庭持有越来越多的现金、活期存款和定期存款。但例外的是，需要赡养 3 位老人的家庭所持有的现金和活期存款反而较少[①]。在定期存款方面，子女越少的家庭定期存款的额度越高，反映在家庭总成员方面，家庭定期存款的额度随着家庭总成员数的增加而呈增加的趋势。

地理分布组

调查显示，华北地区家庭持有的现金、活期存款和定期存款的数额均高于其他地区的家庭，其次是华东、华南地区。在持有现金方面，东北、华中地区显著低于其他地区，分别为 8 615 元、8 397 元；在活期存款和定期存款方面，西北地区显著低于其他地区。这种地理分布上的差异，有待研究。

城市分类组

在按城市分类考察时发现，处在一类经济发达城市的家庭持有的现金、活期

[①] 根据调研结果测算，需要抚养 3 个子女的家庭平均收入为 71 025 元，低于需要抚养 2 个子女的家庭（83 829 元）和需要抚养 1 个子女的家庭（84 264 元）。

存款和定期存款分别为 24 207 元、40 894 元和 55 225 元，都显著高于其他两类城市；二类城市家庭则与三类城市无较大差别，甚至三类城市家庭持有的现金略高于二类城市。

收入、净资产和总财富组别

收入、净资产和总财富是描述家庭经济条件最主要的三个变量，从总体上看，随着收入、净资产和总财富的增加，家庭持有的现金、活期存款和定期存款也呈增加的趋势。但按净资产变量进行考察时，在家庭拥有负资产的情况下，家庭持有的活期存款和定期存款的数量反而高于净资产为 1~20 000 元的家庭。但由于这部分家庭样本仅占全部家庭样本的 1.78%，其样本量较小，所以此现象还有待后续的调查研究进一步验证。

2. 股票、基金和债券

本节将考察家庭持有常见的投资性金融产品的情况，这些产品包括基金、债券和股票。鉴于在我国目前的债券市场上，除国债外，还有企业发行的债券①，故本项调查对家庭持有的债券进行分类统计，既统计家庭持有国债的情况，也统计家庭持有的企业债券的情况。需要说明的是，家庭持有的基金、债券和股票采用的均是上述产品的盯市价值。表 2-3 给出了详细的统计结果。

年龄分组

从年龄分组看，基金的家庭拥有率最高的年龄组是 35~40 岁，达到了 22.16%，说明在这个年龄组的受访者家庭中约有 22.16% 的家庭购买了基金产品。基金的家庭拥有率最低的家庭所属的年龄组别为 25 岁以下，只有 12.38%。从家庭拥有基金的均值看，35~40 岁的家庭拥有基金额度最高，达到了 8 399 元，其所持有的基金财富总量约占全部家庭的 20.07%。

从风险性质看，国债的风险要小于企业债券。调研结果显示，不同年龄组的家庭对这两种债券的持有偏好也不同。户主年龄较大（60 岁以上）的家庭持有国债的比例相对较大，达到 13.62%。从投资额度看，受访者处在 60 岁以上年龄组的家庭持有国债的额度最高，达到 2 609 元；但持有企业债的额度最小，平均只有 85 元，持有率也仅有 3.6%。可以看出，随着年龄的增长，对风险的厌恶程度会提高。

再看股票，户主年龄组别属于 35~40 岁的家庭，股票的持有率最高，达到

---

① 本报告将公司债和企业债两类企业发行的债券统称为企业债。

表 2-3 家庭持有股票、基金和债券的情况

	基金价值			国债			企业债			股票市值		
	平均值	价值占比（%）	持有率（%）	平均值	价值占比（%）	持有率（%）	平均值	价值占比（%）	持有率（%）	平均值	价值占比（%）	持有率（%）
年龄分组												
25 岁以下	2 881	3.64	12.38	310	2.31	5.96	762	10.16	4.69	6 517	5.04	13.55
25~34 岁	8 346	42.91	20.19	1 583	47.89	6.51	899	48.77	3.54	13 334	41.98	20.19
35~40 岁	8 399	20.07	22.16	1 214	17.06	7.88	769	19.40	5.00	11 298	16.53	22.01
41~50 岁	6 941	19.55	20.00	648	10.73	8.75	531	15.78	5.01	12 201	21.03	21.32
51~60 岁	5 784	8.16	16.25	1 218	10.11	7.24	349	5.19	3.98	13 682	11.81	20.66
60 岁以上	7 320	5.68	19.26	2 609	11.90	13.62	85	0.69	3.60	7 607	3.61	11.15
婚姻状况												
未婚	6 668	20.96	16.94	1 617	29.90	5.20	981	32.52	2.60	14 269	27.55	18.82
已婚	7 601	75.83	20.66	1 137	66.69	8.59	611	64.30	4.66	11 127	68.19	20.07
其他（离异或丧偶）	4 808	3.21	10.13	868	3.40	4.42	452	3.18	5.79	10 385	4.26	16.60
受访者职业												
政府机关、党群组织的负责人或事业中高级官员	9 336	3.53	30.07	4 011	8.79	14.33	621	2.44	6.15	17 106	3.94	28.42
企业事业单位的管理人员	13 082	24.64	26.97	1 945	21.23	6.86	1 975	38.66	4.73	19 010	21.79	23.44
政府或企业事业单位的普通员工	6 968	17.30	20.88	965	13.88	9.28	685	17.68	4.99	17 437	26.36	28.73
专业技术人员或其他专业人士	4 895	6.55	17.34	2 736	21.21	8.42	1 665	23.15	2.96	11 692	9.52	18.84

续表

	基金价值			国债			企业债			股票市值		
	平均值	价值占比（%）	持有率（%）	平均值	价值占比（%）	持有率（%）	平均值	价值占比（%）	持有率（%）	平均值	价值占比（%）	持有率（%）
技术工人	6 393	11.10	15.29	768	7.73	5.01	110	1.99	4.07	4 946	5.23	14.94
个体户	6 470	14.97	13.69	838	11.24	8.46	477	11.47	4.95	7 816	11.01	13.52
自由职业者	5 572	3.58	20.12	633	2.36	7.01	242	1.62	4.29	14 453	5.66	22.87
其他职业	5 139	7.77	16.81	310	2.71	3.65	126	1.99	2.45	8 531	7.85	14.69
待业	5 093	2.15	16.08	193	0.47	5.52	125	0.55	5.02	3 758	0.97	10.42
退休	6 778	8.41	22.11	1 446	10.39	10.76	34	0.44	3.77	10 158	7.67	18.76
学历												
初中及以下	3 234	10.09	8.48	210	3.90	5.07	408	13.36	3.89	3 500	6.67	9.37
高中及中专	4 991	22.98	17.25	935	25.65	8.44	295	14.24	4.52	7 598	21.38	16.86
本科及大专	10 235	58.93	25.60	1 436	49.27	8.12	747	45.16	3.99	17 672	62.20	26.33
硕士	21 000	6.94	38.61	10 618	20.92	12.07	7 825	27.15	8.60	44 546	9.00	38.75
博士	47 997	1.06	50.65	2 015	0.27	9.83	418	0.10	4.91	54 544	0.74	34.70
需要抚养的子女数												
无	7 545	37.86	18.23	1 933	57.06	7.36	1 238	65.54	3.77	15 733	48.34	22.05
1人	5 482	36.80	20.06	782	30.88	8.41	460	32.60	5.33	10 756	44.20	20.37
2人	14 119	22.89	20.62	1 211	11.55	5.18	109	1.86	2.28	6 501	6.45	13.75
3人以上	5 519	2.45	15.34	195	0.51	7.50	1	0.01	0.13	3 686	1.00	3.05

续表

	基金价值			国债			企业债			股票市值		
	平均值	价值占比（%）	持有率（%）	平均值	价值占比（%）	持有率（%）	平均值	价值占比（%）	持有率（%）	平均值	价值占比（%）	持有率（%）
需要赡养的老人数												
无	6 173	24.01	18.17	1 129	25.83	7.98	254	10.44	4.81	10 821	25.76	16.70
1人	6 858	12.42	17.26	865	9.21	5.92	160	3.07	4.06	9 547	10.58	22.02
2人	7 385	33.07	17.85	1 411	37.16	8.04	1 218	57.60	4.17	12 351	33.85	18.18
3人	5 645	6.44	20.03	1 019	6.84	8.27	872	10.51	4.79	13 262	9.26	22.79
4人以上	9 704	24.06	24.97	1 437	20.95	7.29	702	18.38	3.37	13 535	20.54	23.87
家庭总人口												
1人	6 046	3.79	17.89	1 657	6.19	6.66	144	0.95	2.42	19 320	7.45	19.27
2人	6 528	9.65	19.17	1 585	13.96	11.81	652	10.18	6.19	15 075	13.70	27.10
3人	6 173	31.28	19.92	844	25.47	7.01	669	35.80	4.15	11 282	35.15	21.11
4人	9 572	40.77	19.66	1 702	43.20	7.52	939	42.24	3.96	12 253	32.09	17.69
5人以上	6 231	14.51	17.81	805	11.17	6.74	441	10.83	4.21	8 107	11.61	15.29
地理分布												
东北地区	5 186	7.07	11.64	631	5.06	2.29	545	7.83	1.37	9 036	7.54	14.01
华北地区	14 226	21.24	17.63	3 795	33.33	6.43	1 980	31.20	2.02	22 320	20.40	18.28
华东地区	9 755	34.91	22.76	1 927	40.58	8.53	840	31.71	2.40	20 760	45.49	25.85
华南地区	5 858	7.57	14.25	1 114	8.47	3.88	1 311	17.89	1.98	15 760	12.47	18.86

续表

	基金价值			国债			企业债			股票市值		
	平均值	价值占比（%）	持有率（%）	平均值	价值占比（%）	持有率（%）	平均值	价值占比（%）	持有率（%）	平均值	价值占比（%）	持有率（%）
华中地区	2 626	3.58	10.98	415	3.33	9.33	242	3.49	1.54	2 290	1.91	10.98
西北地区	7 029	22.21	19.90	281	5.22	2.04	61	2.03	1.08	3 079	5.96	12.52
西南地区	2 209	3.41	10.61	441	4.00	2.11	359	5.85	0.82	6 585	6.22	15.18
城市类型												
第一类城市	12 967	51.86	20.61	2 957	69.58	6.82	1 596	67.34	2.44	31 319	76.70	30.88
第二类城市	3 347	6.31	14.59	421	4.67	2.42	498	9.91	0.85	5 808	6.70	13.68
第三类城市	5 287	41.83	15.98	553	25.76	4.91	272	22.75	1.45	3 427	16.60	11.62
收入划分变量												
1～10 000 元	1 330	0.54	6.41	94	0.21	2.49	0	0.00	0.00	7 665	1.91	17.66
10 001～20 000 元	2 134	2.26	6.77	154	0.91	0.57	771	8.21	0.74	2 393	1.55	3.18
20 001～50 000 元	1 795	8.25	13.38	160	4.14	2.31	90	4.15	0.65	2 454	6.93	10.83
50 001～100 000 元	3 510	15.93	15.16	897	22.90	5.52	160	7.34	1.40	7 898	22.05	15.31
100 001～200 000 元	11 712	28.33	22.45	1 404	19.10	8.39	481	11.72	1.71	14 948	22.24	23.49
20 0001～500 000 元	26 668	23.49	35.06	4 252	21.06	11.19	2 046	18.17	8.14	50 532	27.38	43.47
≥500 001 元	79 194	21.20	48.46	21 038	31.67	24.06	18 688	50.41	9.28	108 989	17.94	58.19
净资产分类变量												
≤0 元	240	0.06	3.01	0	0.00	0.00	0	0.00	0.00	619	0.09	2.24

续表

	基金价值			国债			企业债			股票市值		
	平均值	价值占比（%）	持有率（%）	平均值	价值占比（%）	持有率（%）	平均值	价值占比（%）	持有率（%）	平均值	价值占比（%）	持有率（%）
1~20 000元	171	0.10	4.56	1	0.00	0.11	0	0.00	0.00	204	0.07	6.11
20 001~50 000元	305	0.19	6.42	33	0.12	0.47	287	1.91	1.82	384	0.15	1.85
50 001~100 000元	824	0.99	14.49	53	0.37	1.88	24	0.30	0.32	1 454	1.06	10.79
100 001~500 000元	2 896	17.12	13.27	298	10.36	3.32	49	3.05	0.78	3 052	11.04	11.33
500 001~1 000 000元	5 571	14.96	20.02	1 067	16.85	7.94	639	18.11	2.33	10 124	16.64	21.30
1 000 001~3 000 000元	16 148	33.08	27.46	2 628	31.68	7.48	1 011	21.86	2.65	27 737	34.79	33.25
≥3 000 001元	64 768	33.51	44.88	13 344	40.61	22.93	10 033	54.77	9.68	114 115	36.15	59.85
家庭总财富												
1~20 000元	162	0.10	4.34	1	0.00	0.10	0	0.00	0.00	60	0.02	1.07
20 001~50 000元	254	0.16	5.98	33	0.12	0.47	287	1.91	1.82	310	0.12	5.61
50 001~100 000元	480	0.54	8.07	39	0.26	1.84	14	0.16	0.19	959	0.66	8.48
100 001~500 000元	2 888	16.77	14.23	282	9.63	3.00	52	3.18	0.82	2 778	9.88	10.72
500 001~1 000 000元	4 978	14.04	18.53	886	14.69	6.89	596	17.72	2.05	9 171	15.83	20.79
1 000 001~3 000 000元	15 131	33.54	27.55	2 551	33.26	8.52	883	20.66	2.51	26 805	36.38	33.13
≥3 000 001元	61 588	34.85	43.90	12 627	42.03	22.14	9 441	56.36	9.44	107 111	37.11	58.67

22.01%，其所持有的股票额度也较大。但从总量上看，低端年龄组（户主年龄为 25~34 岁）愿意冒更大的风险进行投资，其所持有的股票财富最多，占全部家庭持有股票财富的 41.98%。

婚姻分组

调查结果显示：家庭持有股票、基金、债券的情况因婚姻状况的不同有明显的差异。当受访者为已婚时，无论是持有率，还是所持有的投资在全部家庭中的价值占比，其家庭持有的股票、基金、国债都明显高于受访者为未婚、离异或丧偶的家庭。

职业分组

职业分组的统计结果显示，当户主为企业事业单位的管理人员时，家庭持有基金的平均额度（13 082 元）和占全部家庭持有基金财富的比例（24.64%）都显著高于其他组别；基金持有比例也偏高，达到 26.97%，仅次于户主为政府机关或党群组织负责人或中高级官员的 30.07%；而户主为政府机关或党群组织负责人或中高级官员的国债和企业债的持有率均高于其他职业组别，但户主为企业事业单位管理人员的家庭持有国债和企业债的价值在全部家庭中比例最大，分别达到 21.23%、38.66%。并且，户主为企事业单位管理人员的家庭持有的股票的平均值最大，达到 19 010 元，拥有率为 23.44%；股票拥有率最高的两个家庭组别为：政府机关、党群组织负责人或中高级官员和政府或企业事业单位的普通员工，达到 28% 以上。综上可见，户主为政府机关、党群组织的负责人或中高级官员的家庭的理财方式相较于其他家庭更多元化。

学历分组

从调查结果看，家庭户主的学历对家庭投资基金、债券和股票影响有所不同。户主学历越高，其家庭持有的基金的平均数额和持有率越大；但基金总财富最多的组别为户主学历为本科及大专，这与该组家庭的人口基数较大有关。股票在本节所涉及的三种金融资产中风险最高，其变化趋势和特征类似于基金。

就国债和企业债而言，户主学历为硕士的家庭持有国债、企业债的平均数额和持有率均为最大，但该组拥有的企业债的总财富在所有组别中并不是最多的。

家庭人口特征分组（需要抚养的子女数、需要赡养的老人数以及家庭总人口）

首先看基金的统计结果：从抚养子女数目的角度看，抚养 2 个子女的家庭持有的基金无论是平均额度还是持有比例都是最大的，但持有基金的价值占比不是最大的。其次是没有子女的家庭，这组家庭的人口基数也较大，这就决定了该组家庭持有的基金市值在全部家庭持有的基金财富中占比最大，达到37.86%。如果从需要赡养的老人数分组来看，总体上需要赡养的老人越多，该组家庭持有基金的比例呈增大的趋势。从家庭总人口的数目看，四口之家持有基金的平均额度最大，达到了9 572元，持有比例也偏高，达到19.66%。持有基金财富总额在全部家庭财富总量中占比最高的也是四口之家，为40.77%。

从家庭持有国债和企业债的情况看，人口特征的影响并没有明显的规律。

就股票而言，需要抚养的子女越少，需要赡养的老人越多（无老人需要抚养的家庭除外），家庭投资于股票的资金越多；没有抚养子女的家庭以及需赡养4个以上老人的家庭投资股票的额度均为最大，分别达到了15 733元和13 535元，二者持有股票的比例也最大，分别为22.05%、23.87%。从家庭总人口来看，家庭总人口为1人的家庭购买股票的额度最大，这类家庭多为单身年轻人，敢于冒险，且没有抚养子女的负担，有更多的资金投资于股票。

地理分布组

从地理分布上看，华东地区家庭持有基金的比例最大，为22.76%；其次是西北、华北地区。但华北地区家庭持有基金的平均额度显著大于西北、华北地区，为14 226元。

从持有国债和企业债的平均额度看，华北地区占第一位，显著高于其他地区，且持有比例也相对较大，其中国债持有率达到6.43%。

再看股票的情况，华东地区家庭持有股票的比例最大，为25.85%，且平均额度也偏高。

总体来看，华东地区家庭拥有基金、国债、企业债和股票的总财富在全部家庭中均为最多，分别为34.91%、40.58%、31.71%和45.49%。华东地区是我国最富庶的地区，家庭的资产数额较大。这表明，家庭的资产越多，越愿意配置更多的投资型金融产品。

城市类型

从城市分类的角度看，在一类经济发达的城市，居民家庭持有基金、债券和股票的比例及平均额度都显著大于二类城市和三类城市。其次，二类城市家庭持有风险性较大的企业债和股票的平均额度显著大于三类城市，而二类城市持有风险性较小的基金和国债的平均额度则小于三类城市。

收入、净财富和总财富分组

分析家庭的收入和财富状况，对考察家庭投资基金、债券和股票的行为更有意义。总体来看，随着家庭的收入、净资产和总财富的升高，家庭持有基金、债券、股票的比例也呈加大的趋势。这说明，家庭资产越多，越愿意购买投资型金融产品。

3. 储蓄性保险、养老金、企业年金和住房公积金

从持有时间上看，储蓄性保险、养老金、企业年金和住房公积金等金融产品一般是家庭长期持有的金融产品。这里的储蓄性保险是指到期能够归还本金，并能获得增值的保险险种；养老金则是指家庭参加社会保障计划持有的退休养老金账户的资金额度；企业年金是指企业在按规定缴纳基本养老保险后，可以在国家政策指导下，根据本单位经济效益情况，为职工建立的补充养老保险（见表2-4）。

年龄分组

从年龄分组的情况看，受访者为35~40岁的家庭持有储蓄性保险较多，拥有率为31.88%。其次是受访者为25~34岁的家庭，拥有率为29.85%；此组别家庭所持有的储蓄性保险价值总量在全部家庭中占比最高，为36.46%。持有储蓄性保险最少的是处在户主年龄分组两端的家庭，即受访者年龄为25岁以下和60岁以上的家庭。

从年龄的分组来看养老金的情况。调查显示，户主年龄为41~50岁的家庭持有养老金的平均额度和持有率最大，分别为19 693元和56.95%。其次是户主年龄为35~40岁的家庭，持有养老金的平均额度和持有率分别为15 663元和56.58%。持有养老金比例最小的家庭户主年龄为25岁以下，这一比例仅为39.79%。

在国内，企业年金是比较新的金融产品。家庭持有企业年金的比例远低于养老金账户。户主年龄为41~50岁的家庭持有企业年金的比例相对较大，为25.84%；该组别家庭持有企业年金的平均额度达到5 822元。户主年龄在60岁以上的家庭拥有企业年金的比例最低，仅为5.42%，持有企业年金的平均额度仅为1 321元。

除了受访者年龄处在60岁以上的家庭外，家庭持有住房公积金的比例相差不大，即28.99%~43.92%。其中，户主年龄为35~40岁的家庭所拥有的住房公积金比例最大。

婚姻状况

婚姻状况对家庭持有储蓄性保险、养老金账户、企业年金的影响大致相同。当受访者的婚姻状况是已婚时，上述金融资产的持有率明显高于其他两种情况。

表2-4 家庭持有储蓄性保险、养老金、企业年金和住房公积金等金融资产的情况

	储蓄性保险			养老金账户			企业年金			住房公积金		
	平均值	价值占比（%）	持有率（%）	平均值	价值占比（%）	持有率（%）	平均值	价值占比（%）	持有率（%）	平均值	价值占比（%）	持有率（%）
年龄分组												
25岁以下	2 970	4.24	20.86	6 781	4.57	39.79	2 282	4.71	15.91	4 797	4.98	31.78
25~34岁	6 279	36.46	29.85	10 625	29.12	51.94	4 921	41.33	24.57	8 848	37.38	42.31
35~40岁	7 585	20.46	31.88	15 663	19.95	56.58	5 287	20.64	24.88	11 256	22.10	43.92
41~50岁	7 365	23.42	28.74	19 693	29.55	56.95	5 822	26.78	25.84	11 158	25.82	39.96
51~60岁	6 592	10.49	26.06	15 229	11.44	55.61	2 109	4.86	14.69	7 277	8.43	28.99
60岁以上	5 633	4.93	16.01	13 002	5.37	54.66	1 321	1.67	5.42	2 021	1.29	7.64
婚姻状况												
未婚	5 480	19.46	22.16	8 768	14.70	45.55	3 752	19.37	20.28	7 740	20.01	38.65
已婚	6 619	74.58	30.12	15 309	81.45	56.02	4 770	78.14	22.89	9 379	76.93	38.63
其他（离异或丧偶）	7 908	5.96	23.27	10 816	3.85	46.09	2 277	2.49	16.68	5 582	3.06	21.86
受访者职业												
政府机关、党群组织的负责人或中高级官员	8 780	3.77	34.85	23 237	4.63	66.13	15 049	9.19	35.41	15 111	4.64	56.59
企业事业单位的管理人员	10 876	23.24	33.51	18 123	17.97	59.38	7 381	22.45	32.53	14 458	22.12	49.40
政府或企业事业单位的普通员工	5 198	14.65	28.02	16 223	21.21	63.67	4 005	16.06	26.65	12 512	25.24	57.52
专业技术人员或其他专业人士	5 086	7.72	27.80	13 189	9.29	56.84	5 089	11.00	27.08	11 644	12.66	47.27

续表

	储蓄性保险			养老金账户			企业年金			住房公积金		
	平均值	价值占比(%)	持有率(%)	平均值	价值占比(%)	持有率(%)	平均值	价值占比(%)	持有率(%)	平均值	价值占比(%)	持有率(%)
技术工人	3 245	6.39	26.14	11 067	10.11	48.90	3 273	9.17	21.19	6 363	8.97	38.78
个体户	8 017	21.05	32.49	8 796	10.72	37.23	4 134	15.45	14.82	4 347	8.17	18.39
自由职业者	6 694	4.89	27.12	9 944	3.37	40.11	3 368	3.50	14.04	4 468	2.33	19.07
其他职业	4 724	8.11	19.87	13 522	10.77	47.74	2 807	6.86	15.24	8 303	10.20	28.41
待业	3 715	1.78	23.24	7 254	1.61	51.02	3 312	2.26	19.10	3 656	1.26	31.93
退休	5 972	8.40	23.97	15 803	10.32	65.38	2 024	4.05	15.59	4 377	4.41	23.33
学历												
初中及以下	2 855	10.04	21.62	7 723	12.79	40.20	2 356	12.02	11.35	2 986	7.64	17.77
高中及中专	4 443	23.07	25.03	12 263	29.98	51.55	2 629	19.79	17.70	6 441	24.33	31.28
本科及大专	8 820	57.28	33.38	17 465	53.40	61.09	6 279	59.11	30.18	13 106	61.91	52.20
硕士	23 660	8.82	36.60	18 885	3.32	60.80	15 431	8.34	39.51	20 222	5.49	65.74
博士	31 424	0.78	27.37	43 303	0.51	55.62	20 690	0.75	50.11	35 118	0.64	84.13
需要抚养的子女数												
无	6 111	34.63	22.86	12 263	32.80	51.97	4 232	34.70	21.46	9 054	37.34	39.59
1人	6 711	50.87	32.08	15 053	53.85	56.64	4 439	48.68	23.19	9 035	49.83	41.12
2人	6 019	11.02	28.85	12 133	10.48	46.37	5 462	14.47	21.69	8 951	11.92	25.63
3人以上	6 953	3.49	19.51	12 099	2.86	37.93	2 977	2.16	10.73	2 488	0.91	10.76

续表

	储蓄性保险			养老金账户			企业年金			住房公积金		
	平均值	价值占比（%）	持有率（%）	平均值	价值占比（%）	持有率（%）	平均值	价值占比（%）	持有率（%）	平均值	价值占比（%）	持有率（%）
需要赡养的老人数												
无	5 387	23.66	24.19	12 898	26.74	51.97	2 806	17.84	20.36	6 860	21.93	32.36
1人	5 312	10.86	24.76	12 667	12.22	49.28	2 488	7.36	14.37	7 343	10.92	32.57
2人	6 263	31.67	26.51	11 424	27.26	50.43	5 084	37.20	25.62	9 634	35.45	39.72
3人	7 384	9.51	36.74	16 441	10.00	61.54	6 069	11.32	22.27	9 645	9.04	41.39
4人以上	8 678	24.30	34.91	17 990	23.78	59.01	6 489	26.29	23.48	11 122	22.66	45.22
家庭总人口												
1人	2 890	14.84	19.10	8 138	18.67	51.65	1 892	14.85	16.65	6 169	21.23	39.71
2人	5 736	13.71	26.87	13 997	14.95	59.08	2 879	10.52	17.57	8 381	13.43	37.05
3人	6 387	37.77	26.67	13 845	36.57	54.32	3 944	35.64	23.00	8 643	34.25	41.99
4人	6 860	10.34	30.60	13 845	9.32	50.61	5 346	12.31	20.58	8 963	9.05	32.97
5人以上	7 128	23.34	29.40	14 011	20.49	52.49	5 334	26.69	26.45	10 049	22.05	37.98
地理分布												
东北地区	5 539	8.53	23.28	10 936	7.95	46.31	2 070	4.61	11.58	5 716	6.40	24.20
华北地区	12 601	21.24	27.61	16 638	13.24	53.89	9 307	22.70	28.63	14 505	17.79	43.55
华东地区	9 227	37.29	34.66	19 387	36.98	59.76	6 018	35.19	24.07	13 553	39.86	43.52
华南地区	5 852	8.54	24.86	12 477	8.60	46.17	5 287	11.17	24.02	9 725	10.33	36.70

续表

	储蓄性保险			养老金账户			企业年金			住房公积金		
	平均值	价值占比(%)	持有率(%)	平均值	价值占比(%)	持有率(%)	平均值	价值占比(%)	持有率(%)	平均值	价值占比(%)	持有率(%)
华中地区	2 685	4.14	13.24	7 173	5.22	42.77	5 241	11.68	27.10	4 862	5.45	34.58
西北地区	4 182	14.92	25.65	9 185	15.47	44.20	1 446	7.46	13.55	2 820	7.32	24.86
西南地区	3 063	5.34	19.98	15 257	12.55	65.40	2 848	7.18	12.19	10 126	12.85	46.44
城市类型												
第一类城市	12 238	55.28	28.54	19 266	41.07	62.35	7 499	49.00	24.76	15 514	50.99	51.96
第二类城市	6 425	13.67	39.53	16 476	16.55	59.23	5 339	16.44	25.70	7 310	11.32	38.05
第三类城市	3 476	31.05	21.55	10 050	42.38	44.88	2 674	34.56	16.04	5 798	37.69	27.69
收入划分变量												
1~10 000 元	563	0.25	12.03	4 043	0.84	34.22	546	0.35	5.68	751	0.24	7.37
10 001~20 000 元	1 386	1.61	13.76	3 581	1.93	30.54	426	0.70	5.70	1 091	0.91	14.11
20 001~50 000 元	2 343	11.81	20.05	7 100	16.68	45.43	1 213	8.70	16.31	2 532	9.16	26.27
50 001~100 000 元	4 528	22.56	25.91	13 539	31.43	55.34	2 740	19.43	17.48	7 323	26.19	38.60
100 001~200 000 元	8 137	21.60	34.00	19 473	24.09	64.74	6 951	26.26	30.15	14 630	27.89	54.77
200 001~500 000 元	21 701	20.98	45.08	36 646	16.51	70.14	16 754	23.05	40.86	34 141	23.70	62.06
≥500 001 元	72 163	21.20	59.72	62 315	8.53	70.97	51 424	21.50	56.06	56 454	11.91	63.27
净资产分类变量												
≤0 元	872	0.24	18.58	1 720	0.23	24.36	143	0.06	1.34	896	0.18	16.70

续表

	储蓄性保险			养老金账户			企业年金			住房公积金		
	平均值	价值占比（%）	持有率（%）	平均值	价值占比（%）	持有率（%）	平均值	价值占比（%）	持有率（%）	平均值	价值占比（%）	持有率（%）
1～20 000 元	175	0.11	4.46	1 281	0.38	20.32	94	0.09	3.36	352	0.16	11.47
20 001～50 000 元	731	0.52	18.03	2 571	0.87	34.19	319	0.33	9.48	2 146	1.11	33.40
50 001～100 000 元	797	1.08	14.10	4 142	2.64	37.34	695	1.36	10.66	1 708	1.68	18.26
100 001～500 000 元	3 038	20.28	22.00	9 443	29.75	50.07	2 166	20.92	15.78	4 270	20.74	31.02
500 001～1 000 000 元	5 543	16.80	33.89	17 850	25.54	63.25	4 000	17.55	26.78	10 976	24.21	43.84
1 000 001～3 000 000 元	13 821	31.97	37.69	25 311	27.64	64.19	9 204	30.81	32.17	20 150	33.92	54.90
≥3 000 001 元	49 636	29.00	49.49	47 012	12.96	68.10	34 191	28.90	43.26	42 325	17.99	61.20
家庭总财富												
1～20 000 元	151	0.10	3.65	1 156	0.37	16.54	75	0.07	2.62	196	0.10	5.38
20 001～50 000 元	621	0.44	14.99	2 589	0.87	35.65	262	0.27	9.01	2 298	1.19	37.13
50 001～100 000 元	880	1.12	15.02	3 480	2.09	33.25	607	1.12	8.39	1 588	1.47	18.04
100 001～500 000 元	2 936	19.25	22.06	9 160	28.35	49.87	1 927	18.28	15.53	3 995	19.06	30.10
500 001～1 000 000 元	5 063	16.12	31.66	17 073	25.66	62.81	3 999	18.42	25.34	9 674	22.42	42.54
1 000 001～3 000 000 元	13 061	32.70	38.65	24 228	28.63	63.86	8 712	31.55	32.14	20 357	37.09	54.97
≥3 000 001 元	47 366	30.27	48.37	46 476	14.02	66.67	32 751	30.28	43.66	40 150	18.67	61.67

从财富总量上看，已婚家庭持有的上述金融资产的总量占有绝对优势，均超过了70%。

职业分组

调查结果显示，户主为政府机关或党群组织的负责人或中高级官员，这类家庭持有储蓄性保险的比例最大，为34.85%。其次是户主为企业事业单位的管理人员、个体户的两组家庭，持有储蓄性保险的比例分别达到了33.51%和32.49%，上述三类家庭对储蓄性保险产品的接受度较高。而户主为退休、待业和其他职业时，家庭持有的储蓄性保险的比例要明显小于上述三类家庭。需要说明的是，由于"其他职业"组别对户主职业无法给出详细的描述，我们不对该组数据做过多的分析。

再看养老金账户。当户主是政府机关或党群组织的负责人或中高级官员时，家庭持有养老金的比率最高，约为66.13%，且平均额度也最高，为23 237元。其次是户主为退休、企业事业单位的普通员工的家庭，养老金持有率分别为65.38%、63.67%。这与我国基本的社会养老保险制度目前主要覆盖上述群体有关。户主为自由职业者、个体户的家庭，拥有社会养老保险的比例较小，分别只有40.11%、37.23%。

户主为政府机关、党群组织负责人或中高级官员的家庭拥有企业年金的比例最大，为35.41%。排在其后的是户主为企业事业单位的管理人员的家庭，为32.53%。这表明，企业年金作为对社会养老保险的一种补充，目前的覆盖对象还主要为上述两种人群。

从住房公积金账户来看，户主为政府或企业事业单位的普通员工的家庭持有的比例最大，为57.52%。户主为政府机关和党群组织的负责人或中高级官员、企业事业单位的管理人员、政府或企业事业单位的普通员工、专业技术人员和其他专业人士这四类职业类型的家庭，他们所拥有住房公积金的比例相对较小，持有的住房公积金的平均额度均在11 000元以上。统计显示，户主为个体户的家庭持有住房公积金的比例最小，仅为18.39%。

学历分组

户主学历对家庭持有储蓄性保险、养老金账户、企业年金和住房公积金的影响大致相同。户主学历为硕士的家庭拥有储蓄性保险更普遍，在这类家庭中，有36.60%的家庭购买了储蓄性保险；其次，户主学历为本科及大专的家庭，拥有储蓄性保险的比例约为33.38%。家庭持有储蓄性保险的平均额度随着学历的提高而增加，但从财富总量上看，户主学历为"本科及大专"的家庭持有的储蓄性保险总额最大，约占全部家庭持有储蓄性保险总值的 57.28%。

拥有养老金账户比例最大的家庭组别所对应的户主学历为"本科及大专"，约有 61.09% 的家庭拥有养老金账户；其次是户主学历为硕士的家庭，家庭拥有养老金账户的比例为 60.80%；再次是户主学历为博士的家庭，尽管该组家庭拥有养老金账户的比例小于前两组家庭，为 55.62%，但其拥有养老金账户的平均额度最大，达到 43 303 元。

企业年金和住房公积金的持有比率和平均额度随着家庭户主的学历提高而逐渐增高。其中，户主为博士的家庭拥有企业年金的比例为 50.11%，平均额度为 20 690 元；拥有住房公积金的比例为 84.13%，平均额度为 35 118 元。户主学历为初中及以下的家庭拥有企业年金和住房公积金的比例和平均额度均最低，表明在这部分户主低学历的家庭所从事的工作中，企业年金和住房公积金制度较少能覆盖到。

但从财富总量来看，户主学历为"本科及大专"的家庭所拥有的储蓄性保险、养老金、企业年金和住房公积金总额均超过了全部家庭的一半。

家庭人口特征分组（需要抚养的子女数、需要赡养的老人数、家庭总人口）

只抚养一个子女的家庭拥有储蓄性保险的比例最高，达 32.08%，从财富总量上看，这类家庭持有的储蓄性保险的总价值也最高，达 50.87%；从人口特征的角度看，这样的家庭多数为三口之家，这与按家庭总人口进行分类统计的结果比较接近。

从人口特征来看家庭持有养老金账户的情况，只有一个子女的家庭持有养老金账户的比例最大，达 56.64%；从家庭人口总数看，两口之家持有养老金账户的比例大于三口之家，达 59.08%。

具体到企业年金，人口特征的分类统计规律与储蓄性保险的规律一致。

从住房公积金来看，抚养一个子女的家庭所持有的住房公积金的比例较大，平均额度也较高。从人口特征的角度看，这样的家庭多数为三口之家，三口之家住房公积金的拥有率最大，但平均额度并不是最高的，五口以上家庭的住房公积金平均额度最高，说明家庭赡养的老人个数的增加对住房公积金的积累有正向的作用。

地理分布组

华北地区家庭拥有储蓄性保险的平均额度最高，达到了 12 601 元。家庭持有储蓄性保险的比例也较高，达到了 27.61%。调查结果显示，华中地区家庭持有储蓄性保险的比例、平均额度都显著小于其他地区的家庭，其中的原因有待进一步研究。

从家庭持有的养老金账户平均数额看，华东地区、华北地区和西南地区相对较大，平均数额最小的是华中地区；从持有率看，西南地区和华东地区较大；从总量看，华东地区居民家庭所持有的养老金账户总额最多，约占全部家庭的36.98%。

华北地区家庭持有企业年金的均值显著高于其他地区的家庭，而西北地区和东北地区则相对较低。从总量上看，华东地区家庭持有的企业年金的总量最大，约占全部家庭持有的企业年金总值的35.19%。

再看住房公积金的情况：华北和华东地区家庭持有住房公积金的平均额度较高，家庭拥有住房公积金比例最高的是西南地区，其次是华北地区、华东地区、华南地区和华中地区，东北地区和西北地区家庭拥有住房公积金的比例较低。

城市类型

总体来看，家庭拥有储蓄性保险、养老金、企业年金和住房公积金的平均额度随着城市经济水平的提高而增加。在经济发达的第一类城市，家庭拥有养老金和住房公积金的比例最大；在经济比较发达的第二类城市中，家庭持有的储蓄性保险和企业年金的比例高于第一类和第三类城市。

收入、净财富和总财富分组

总的来看，家庭持有储蓄性保险的比例和平均额度随着家庭收入的增加呈上升趋势。从总财富分组的角度看也存在类似的现象。从净资产分组的角度看，除少数处在财富低端的家庭组别外，家庭拥有的净财富越多，家庭持有储蓄性保险的比例和平均额度越高。

除收入在1~10 000元的家庭外，家庭拥有养老金和企业年金的平均额度随着家庭收入的增加呈上升趋势。从净资产分组的角度看也存在类似现象。但从家庭总财富的角度看，随着财富的增加，家庭拥有养老金和企业年金的平均额度也随之增加，并无例外。

调查结果显示，家庭拥有住房公积金的平均额度和比例随着家庭收入的增加呈上升趋势。从净资产和家庭总财富分组的角度看，处于低端的家庭，住房公积金拥有率和平均额度没有明显的规律，在中高端，随着净财富的增加，家庭持有住房公积金的平均额度和比例也逐渐增大。

4. 家庭借给亲友的钱和家庭持有的其他金融资产

根据前两次调研（2008年和2010年）的经验，发现相当多的家庭在筹借所需要的钱款时，首选的借钱渠道是亲友。从另一个角度看，这意味着同时存在着相当一部分家庭，他们将自己的钱借给了亲友。实际上，这部分钱款也是这些家庭金融资产的一部分。本次调研在"家庭资产"的子项上仍列出了这一项。随着国内消费金融市场的发展，不排除这部分借款改由消费金融机构向需要借款的家庭提供钱款的可能。因此考察该项内容，也为分析潜在的家庭借贷市场的规模和特征提供了一定的参考。这里的"其他金融资产"是指，在家庭金融资产中，没有被前述各项金融资产所涵盖的部分，考虑到这部分的内容庞杂，很难给出详细的内容描述，故在此不做分析（见表2-5）。

表 2-5　家庭向亲友借款以及家庭持有的其他金融资产的情况

	借给亲友的钱			其他金融资产		
	平均值	价值占比（%）	持有率（%）	平均值	价值占比（%）	持有率（%）
年龄分组						
25 岁以下	4 086	6.08	27.29	3 533	4.42	9.73
25~34 岁	6 874	41.63	23.75	10 785	54.85	10.07
35~40 岁	5 514	15.52	26.31	4 206	9.94	9.05
41~50 岁	8 916	29.57	25.14	5 227	14.56	7.16
51~60 岁	2 980	4.95	17.01	7 049	9.83	5.46
60 岁以上	2 474	2.26	8.89	8 340	6.40	4.86
婚姻状况		0.00	0.00		0.00	0.00
未婚	5 579	20.71	21.70	8 457	26.29	9.69
已婚	6 332	74.59	24.53	7 070	69.76	8.37
其他（离异或丧偶）	5 966	4.70	11.25	5 980	3.95	4.79
受访者职业						
政府机关、党群组织的负责人或中高级官员	7 795	3.44	21.92	4 490	1.67	8.76
企业事业单位的管理人员	6 639	14.59	24.48	18 669	34.51	13.54
政府或企业事业单位的普通员工	5 394	15.63	25.46	6 276	15.30	10.02
专业技术人员或其他专业人士	6 593	10.29	22.27	8 022	10.53	7.37
技术工人	4 664	9.44	20.90	2 012	3.43	4.30
个体户	10 764	29.07	31.76	6 596	14.98	8.95
自由职业者	4 519	3.39	19.57	6 483	4.09	12.57
其他职业	5 082	8.97	19.04	4 932	7.32	6.35
待业	4 582	2.26	24.89	1 310	0.54	5.73
退休	2 017	2.92	12.59	6 271	7.63	5.43

续表

	借给亲友的钱			其他金融资产		
	平均值	价值占比（%）	持有率（%）	平均值	价值占比（%）	持有率（%）
学历						
初中及以下	5 247	19.17	17.70	1 924	5.96	5.31
高中及中专	5 011	27.02	22.66	4 424	20.23	7.16
本科及大专	6 928	46.73	26.85	10 877	62.21	10.76
硕士	17 832	6.91	24.57	29 567	9.71	17.60
博士	6 322	0.16	19.10	85 595	1.88	22.36
需要抚养的子女数						
无	5 629	33.27	21.89	11 371	56.45	10.08
1 人	5 125	40.51	21.74	4 862	32.29	7.99
2 人	10 986	20.97	31.40	6 649	10.66	7.70
3 人以上	10 031	5.25	33.55	1 355	0.60	1.33
需要赡养的老人数						
无	3 739	17.12	19.27	5 653	21.75	5.82
1 人	4 725	10.07	22.24	4 728	8.47	6.30
2 人	7 142	37.65	24.97	6 692	29.63	10.07
3 人	7 927	10.65	24.97	7 546	8.52	9.81
4 人以上	8 394	24.50	26.57	12 902	31.64	10.91
家庭总人口						
1 人	4 775	24.58	16.47	7 187	30.85	6.12
2 人	4 049	9.70	20.28	5 954	11.89	7.99
3 人	4 905	29.07	19.55	5 924	29.27	7.63
4 人	7 914	11.95	26.51	9 993	12.58	10.01
5 人以上	7 523	24.69	29.84	5 631	15.41	8.68
地理分布						
东北地区	3 218	5.17	7.94	3 907	5.27	3.55
华北地区	11 877	20.88	29.42	19 873	29.35	8.26
华东地区	8 711	36.72	26.93	12 948	45.84	9.55
华南地区	5 887	8.96	24.75	4 208	5.38	6.20
华中地区	2 242	3.60	12.15	4 299	5.80	8.96
西北地区	3 609	13.43	18.85	1 642	5.13	1.70
西南地区	6 182	11.24	21.55	2 107	3.22	3.95

续表

	借给亲友的钱			其他金融资产		
	平均值	价值占比（%）	持有率（%）	平均值	价值占比（%）	持有率（%）
城市类型						
第一类城市	9 800	46.16	20.43	21 045	83.27	10.90
第二类城市	7 784	17.28	29.35	1 399	2.61	3.23
第三类城市	3 924	36.56	19.65	1 804	14.12	4.22
收入划分变量						
1～10 000 元	857	0.40	4.76	195	0.08	0.57
10 001～20 000 元	585	0.70	6.00	1 455	1.49	3.10
20 001～50 000 元	1 410	7.38	13.19	651	2.89	1.83
50 001～100 000 元	4 330	22.39	22.48	3 213	14.10	4.24
100 001～200 000 元	11 727	32.32	36.26	9 565	22.36	13.15
200 001～500 000 元	17 693	17.76	34.66	36 390	30.98	16.68
≥500 001 元	62 451	19.05	50.78	108 644	28.11	31.16
净资产分类变量						
≤0 元	315	0.09	3.23	590	0.14	5.52
1～20 000 元	75	0.05	4.30	0	0.00	0.00
20 001～50 000 元	521	0.39	8.88	157	0.10	2.52
50 001～100 000 元	1 759	2.47	14.79	227	0.27	1.36
100 001～500 000 元	2 338	16.27	15.88	461	2.70	2.33
500 001～1 000 000 元	5 648	17.86	33.16	3 399	9.03	7.82
1 000 001～3 000 000 元	14 426	34.81	31.08	13 501	27.36	13.17
≥3 000 001 元	46 051	28.06	37.64	118 016	60.40	32.47
家庭总财富						
1～20 000 元	62	0.04	3.40	42	0.02	1.67
20 001～50 000 元	458	0.34	8.60	85	0.05	2.19
50 001～100 000 元	1 819	2.41	13.11	115	0.13	1.11
100 001～500 000 元	2 203	15.06	15.50	485	2.78	2.26
500 001～1 000 000 元	5 034	16.72	30.46	2 933	8.18	6.54
1 000 001～3 000 000 元	13 698	35.76	33.38	12 593	27.61	13.71
≥3 000 001 元	44 496	29.66	35.88	109 402	61.23	30.86

年龄分组

从年龄分组的情况看,户主年龄为"25~34岁"的家庭为亲友提供借款的总额最大,占全部家庭为亲友提供借款总额的41.63%,而且该组家庭向亲友提供借款的平均额度也较大,为6 874元。向亲友提供借款较多的另一组家庭是户主年龄在"41~50岁"的家庭,这部分家庭为亲友提供借款的平均额度最大,为8 916元,该组家庭向亲友提供借款的总额占全部家庭对亲友提供借款总额的29.57%。从人口特征来看,处在这两个年龄段的家庭一般有一定积累,因此是提供借款的家庭的主要来源。对亲友提供借款的比例、平均额度和总额最少的家庭是户主处在退休阶段的家庭,这部分家庭的户主年龄为"60岁以上"。

婚姻状况分组

从婚姻状况来看,户主为"已婚"的家庭向亲友提供借款的比例、平均额度和总额均为最大,其中该组家庭向亲友提供借款的总额占全部家庭的74.59%,平均额度为6 332元;户主为"离异或丧偶"的家庭向亲友提供借款的总额较小,只占到4.7%,这与该组家庭本身的基数较小有关。

职业分组

从职业分组来看,户主为"个体户"的家庭向亲友提供借款的比例最大,为31.76%,平均额度为10 764元;借款总量占全部家庭向亲友提供借款总量的比重也最大,达29.07%。说明个体户家庭不仅更愿意借给亲友钱,而且提供借款的额度比较大;相对而言,户主已经退休的家庭向亲友提供借款的比例和平均额度最小。

学历分组

户主学历为"硕士"的家庭为亲友提供借款的平均额度最大,为17 832元,但总额占全部家庭的比例仅为6.91%,这与该组家庭本身的基数较小有关。户主学历为"本科及大专"的家庭,为亲友提供借款的现象最普遍,在这类家庭中有26.85%的家庭为亲友提供借款,平均额度为6 928元,总额占全部家庭的比例最大,为46.73%。比较而言,户主学历为初中及以下的家庭对亲友提供借款的现象最低,所提供借款的平均额度也较小。

家庭人口特征分组(需要抚养的子女数、需要赡养的老人数、家庭总人口)

从家庭人口特征看,调查结果表明:家庭总人口为4人的家庭向亲友提供借款的平均额度最大,达到了7 914元。家庭的成员越多,家庭为亲友提供借款的现象越普遍，在家庭成员超过 5 人的家庭中，向亲友提供借款的比例为 29.84%。提供借款的额度占全部总额的 24.69%。此外，按需要赡养的老人数进行分组时，需赡养 2 位老人的家庭为亲友提供借款的总额占比最大，约占 37.65%；从平均额度看，需要赡养 4 位以上老人的家庭组为亲友提供借款的平均额度最大，达到 8 394 元。

<u>地理分布组</u>

从地理分布看，华北、华东、华南和西南地区的家庭向亲友提供借款的现象相对较为普遍。这表明，为亲友提供借款的行为与经济发达程度没有必然的联系。但从总量上看，经济发达的华北地区的家庭向亲友提供借款的平均额度最大，提供借款的总额也较多。相比较而言，在东北和华中地区，向亲友提供借款的家庭较少，提供的借款额度也较低。

<u>城市类型</u>

从城市分类看，城市经济越发达，家庭向亲友提供借款的平均额度越高。在经济较发达的二类城市，向亲友提供借款的家庭数量较多，达到了 29.35%。但其总额占全部家庭对亲友提供借款总额的比例最小，仅为 17.28%，这与该组家庭的基数小有关。在经济发达的第一类城市，为亲友提供借款的总额占全部家庭的比例最大，达到了 46.16%，平均额度也最大，为 9 800 元。

<u>收入、净资产和总财富分组</u>

家庭拥有较多收入和财富是其能够向亲友提供借款的经济基础。调研结果显示：收入越高的家庭向亲友提供借款的现象越普遍，向亲友提供的借款额度也越高。当家庭年收入超过 50 万元时，有 50.78% 的家庭为亲友提供借款，提供借款的额度平均达到了 62 451 元。

调查显示：随着家庭财富的增多，家庭向亲友提供借款的比例也逐渐加大，提供借款的额度也逐渐增大，拥有财富或净资产最高的一组家庭向亲友提供借款的额度均超过了 4 万元。

2.1.2 非金融资产

本报告考察的非金融资产主要包括以下几项：大件耐用品、保值商品、商业资产、汽车和房产。

1. 大件耐用品、保值商品和汽车

本报告中的大件耐用品泛指包括洗衣机、电冰箱、冰柜、空调，家具等生活

用设备；电视机、高级音响、音像类器材、家用电脑、健身器材等文化娱乐设备；除汽车外的交通设备，如自行车、助理车、摩托车等，以及其他价值 1 000 元以上的耐用消费品①。上述产品若用于家庭的商业经营则不应计算在本栏目内。此外，保值商品是指黄金、首饰、古玩、玉器、字画、集邮等各种收藏品。与耐用消费品不同，首先，保值物品的价值波动来自市场对保值商品的估值，这种波动是因为购买者的投资需求；而不是消费需求；其次，耐用消费品的价值一般随着使用时间的增加逐渐折损而降低，保值物品的价值一般随着保有时间的增加会升值（见表 2 - 6）。

年龄分组

从年龄分组的情况看，户主年龄在"35~40 岁"的家庭持有大件耐用品的比例较大，达到了 82.10%，该组家庭持有大件耐用品的平均额度也最高，达到了 22 892 元。一方面，这部分家庭财富有了一定的积累；另一方面，由于户主年龄相对年轻，容易接受新型的价格较贵的大件耐用品。从财富总量上看，该组家庭持有的大件耐用品占全部家庭的 21.31%。户主年龄在"25~34 岁"、"41~50 岁"年龄段的家庭，所有持有大件耐用品的情况比较接近。户主年龄在"25 岁以下"、"51~60 岁"、"60 岁以上"的家庭，持有大件耐用品的平均额度和财富总量明显低于其他组别的家庭。

户主年龄在"25~34 岁"的家庭持有保值商品的比例较高，达到了 43.64%，该组家庭持有保值商品的平均额度也最高，达到了 19 703 元。从财富总量上看，该组家庭持有的保值商品占全部家庭的 43.62%。户主年龄在"25 岁以下"和"41~50 岁"年龄段的家庭，所持有保值商品的情况比较接近。户主年龄在"60 岁以上"的家庭，持有大件耐用品的平均额度和财富总量明显低于其他组别的家庭。

户主年龄在"35~40 岁"的家庭拥有汽车的现象更普遍，在这个组别中，有 20.93% 的家庭拥有汽车，平均额度也最高，达到了 37 436 元。从汽车本身的价值看，户主年龄在"25~34 岁"的家庭所拥有的汽车总价值占全部家庭拥有的汽车总价值的比例最大，为 42.26%。

婚姻状况

婚姻状况对家庭拥有大件耐用品、保值商品和汽车的影响具有一致性。无论从家庭拥有上述三种资产的普遍性还是财富总量看，户主处于"已婚"状态的

---

① 国内尚无对大件耐用消费品最低价值的规定，但为统计口径一致和统计方便，本报告规定的大件耐用品最低价值不低于 1 000 元。

表2-6 家庭持有大件耐用消费品、保值商品和汽车的情况

	大件耐用品			保值商品			自有汽车		
	平均值	价值占比（%）	持有率（%）	平均值	价值占比（%）	持有率（%）	平均值	价值占比（%）	持有率（%）
年龄分组									
25岁以下	15 551	7.66	73.64	15 083	8.21	30.84	17 877	5.97	14.77
25~34岁	19 715	39.50	74.72	19 703	43.62	43.64	31 092	42.26	15.07
35~40岁	22 892	21.31	82.10	14 508	14.92	43.98	37 436	23.64	20.93
41~50岁	20 110	22.06	81.69	18 028	21.86	34.80	28 785	21.42	15.12
51~60岁	12 549	6.89	75.91	16 479	10.00	28.63	12 497	4.66	7.43
60岁以上	8 498	2.57	69.57	4 176	1.39	14.45	9 996	2.05	3.65
婚姻状况									
未婚	16 699	20.51	68.16	17 894	24.25	33.38	24 281	20.19	12.69
已婚	19 535	76.16	80.18	16 893	72.65	39.85	28 858	76.14	15.69
其他（离异或丧偶）	12 771	3.33	73.63	10 779	3.10	21.86	20 807	3.67	7.96
受访者职业									
政府机关、党群组织的负责人或中高级官员	62 837	9.16	84.63	36 206	5.82	54.07	59 433	5.90	22.25
企业事业单位的管理人员	26 321	19.12	78.43	26 620	21.32	41.94	47 083	23.28	15.13
政府或企业事业单位的普通员工	16 919	16.20	73.92	14 108	14.90	39.27	26 356	17.18	12.34
专业技术人员或其他专业人士	17 139	8.84	74.29	16 842	9.58	39.53	24 987	8.78	7.80

续表

	大件耐用品			保值商品			自有汽车		
	平均值	价值占比（%）	持有率（%）	平均值	价值占比（%）	持有率（%）	平均值	价值占比（%）	持有率（%）
技术工人	11 164	7.47	81.68	6 197	4.57	30.36	9 234	4.21	8.16
个体户	21 754	19.42	80.52	21 455	21.11	42.34	43 210	26.26	32.81
自由职业者	16 339	4.05	74.44	14 979	4.10	33.25	20 545	3.47	12.69
其他职业	15 279	8.91	78.93	14 895	9.58	38.44	19 383	7.70	10.33
待业	15 429	2.52	73.35	10 842	1.95	38.83	8 816	0.98	11.13
退休	9 009	4.31	71.31	13 432	7.08	21.18	6 907	2.25	5.54
学历									
初中及以下	9 667	11.71	75.52	6 666	8.93	26.11	9 257	7.61	12.92
高中及中专	15 226	27.22	82.79	14 209	28.08	36.62	20 470	24.84	13.49
本科及大专	24 425	54.60	73.72	21 905	54.14	43.51	39 493	59.95	16.17
硕士	46 405	5.96	75.67	54 125	7.68	52.13	81 076	7.07	19.39
博士	59 581	0.51	78.05	122 346	1.16	70.81	91 006	0.53	35.34
需要抚养的子女数									
无	18 392	35.97	69.17	20 768	44.87	36.46	28 216	37.43	13.27
1人	18 994	49.68	81.48	14 158	40.92	39.38	24 658	43.75	15.41
2人	18 996	12.00	83.73	17 134	11.96	36.54	37 860	16.22	16.69
3人以上	13 617	2.36	77.31	11 785	2.25	24.73	22 173	2.60	10.90

续表

	大件耐用品			保值商品			自有汽车		
	平均值	价值占比（%）	持有率（%）	平均值	价值占比（%）	持有率（%）	平均值	价值占比（%）	持有率（%）
需要赡养的老人数									
无	14 354	21.76	77.32	11 818	19.79	34.43	19 209	19.76	10.42
1人	13 256	9.35	75.74	10 244	7.98	29.77	17 400	8.33	11.89
2人	21 168	36.94	75.72	19 699	37.98	40.11	32 369	38.33	17.18
3人	18 065	8.04	74.06	14 489	7.12	36.49	31 246	9.43	17.39
4人以上	24 734	23.90	82.02	25 413	27.13	43.96	36 841	24.16	17.45
家庭总人口									
1人	11 706	19.62	60.56	8 782	18.06	28.64	17 896	21.35	6.07
2人	17 334	13.52	72.23	11 052	10.58	31.16	20 748	11.52	9.74
3人	15 514	29.94	79.33	12 281	29.08	37.75	21 354	29.32	13.71
4人	20 270	9.97	77.38	22 492	13.57	36.62	34 940	12.23	16.51
5人以上	25 218	26.95	80.45	21 889	28.70	45.42	33 644	25.58	18.63
地理分布									
东北地区	11 010	5.85	53.11	7 245	4.25	24.04	20 238	7.29	7.54
华北地区	27 476	15.98	73.03	31 499	20.25	45.27	54 618	21.55	18.12
华东地区	27 860	38.85	74.79	29 890	46.06	48.96	40 068	37.90	16.23
华南地区	20 352	10.25	73.51	25 243	14.05	37.84	37 691	12.88	14.94

续表

	大件耐用品			保值商品			自有汽车		
	平均值	价值占比(%)	持有率(%)	平均值	价值占比(%)	持有率(%)	平均值	价值占比(%)	持有率(%)
华中地区	13 500	7.18	91.56	8 137	4.78	43.87	11 445	4.13	17.15
西北地区	8 061	9.92	81.28	3 073	4.18	19.66	8 147	6.80	4.77
西南地区	19 880	11.96	84.26	9 681	6.43	31.07	23 142	9.44	10.96
城市类型									
第一类城市	31 216	48.65	69.88	31 677	54.55	44.78	48 054	50.80	13.49
第二类城市	17 206	12.64	87.34	24 473	19.86	56.47	27 923	13.91	15.77
第三类城市	12 557	38.71	77.34	7 512	25.59	26.41	16 874	35.29	10.92
收入划分变量									
1~10 000元	4 889	0.74	60.52	9 063	1.52	19.19	7 182	0.74	0.99
10 001~20 000元	5 745	2.27	65.87	2 987	1.31	19.52	3 438	0.93	3.10
20 001~50 000元	7 056	12.14	75.12	5 878	11.20	23.13	4 485	5.26	7.17
50 001~100 000元	14 749	25.08	77.63	7 718	14.53	36.52	17 195	19.94	11.57
100 001~200 000元	25 181	22.82	81.92	24 571	24.66	56.81	46 817	28.93	20.82
200 001~500 000元	51 029	16.84	83.94	70 181	25.65	61.58	106 696	24.01	26.36
≥500 001元	200 448	20.10	84.26	190 249	21.13	74.61	295 035	20.18	51.18
净资产分类变量									
≤0元	4 609	0.44	55.00	498	0.05	2.99	430	0.03	2.14

续表

	大件耐用品			保值商品			自有汽车		
	平均值	价值占比（%）	持有率（%）	平均值	价值占比（%）	持有率（%）	平均值	价值占比（%）	持有率（%）
1～20 000 元	2 054	0.45	59.14	473	0.11	14.50	0	0.00	1.92
20 001～50 000 元	5 386	1.33	68.76	1 072	0.29	21.26	4 386	0.73	7.85
50 001～100 000 元	5 010	2.33	71.25	1 449	0.75	20.97	261	0.08	6.07
100 001～500 000 元	8 767	20.19	76.70	3 161	8.04	28.44	6 022	9.41	7.87
500 001～1 000 000 元	18 177	19.02	83.36	9 216	10.65	44.53	30 833	21.88	17.34
1 000 001～3 000 000 元	39 364	31.42	78.83	48 044	42.38	59.56	71 426	38.68	20.85
≥3 000 001 元	123 121	24.82	81.32	169 357	37.72	72.40	213 474	29.19	39.56
家庭总财富									
1～20 000 元	1 902	0.45	55.36	443	0.11	13.57	0	0.00	2.08
20 001～50 000 元	4 639	1.14	65.27	987	0.27	20.49	151	0.03	7.71
50 001～100 000 元	4 715	2.07	72.02	1 409	0.68	19.37	154	0.05	3.86
100 001～500 000 元	8 417	19.04	76.88	2 896	7.24	27.33	5 544	8.51	8.07
500 001～1 000 000 元	16 601	18.24	82.49	8 495	10.31	43.39	26 704	19.90	15.75
1 000 001～3 000 000 元	33 968	29.34	78.79	44 325	42.30	58.60	68 821	40.32	21.47
≥3 000 001 元	134 750	29.71	81.77	160 423	39.08	71.49	208 546	31.19	36.64

家庭明显高于其他两个组别的家庭。相比较而言，户主处于"丧偶或离婚"的婚姻状态时，家庭拥有上述三种资产的总量明显偏小，拥有率也比较低。

职业分组

从职业分组的情况看，各组别持有大件耐用品的比例没有显著差异。户主是政府机关或党群组织的负责人或者是中高级官员的家庭，持有大件耐用品的比例最大，达到了84.63%，且平均额度也最高，达到了62 837元。户主为个体户的家庭，其拥有大件耐用品的价值占全部家庭的比例最高，达到19.42%，但平均额度低于前者将近4万元。

从保值品的情况看，户主为政府机关或党群组织的负责人或中高级官员的家庭持有保值品的比例最高，达到54.07%，平均额度也最高，达到36 206元。其次是户主为个体户、企业事业单位的管理人员的家庭，这两个组别的家庭持有保值商品的比例均大于40%，平均额度均超过2万元，且这两组家庭持有保值商品的总价值占全部家庭的比例最高，均超过21%。相对而言，户主为技术工人的家庭持有保值商品的平均额度显著低于其他组别的家庭，仅为6 197元，总价值占全部家庭的4.57%。

从汽车的拥有情况看，户主为个体户的家庭拥有汽车的比例最大，该组家庭中约有32.81%的家庭拥有私家车；其次是户主为政府或党群组织负责人或中高级官员的家庭，拥有汽车的比例为22.25%；户主退休的家庭拥有汽车的比例最小，仅为5.54%。

学历分组

从学历分组的统计结果看，家庭持有大件耐用品的平均额度随着户主学历的提高而增加，户主为博士学历的家庭，平均额度将近6万元。但户主学历为高中及中专的家庭，其大件耐用品的持有率最高，达到82.79%；其次是户主为博士的家庭，大件耐用品的持有率为78.05%；而户主学历为本科及大专的家庭持有大件耐用品的总价值占全部家庭的比例最大，超过了50%。

关于保值品的统计结果显示，随着户主学历的提高，家庭持有保值品的比例和平均额度稳步提高。其中户主为博士的家庭，持有保值商品的比例为70.81%，平均额度为122 346元；但从财富总量上看，户主学历为本科及以下的家庭，所拥有的保值品占价值总额的绝大多数，达到了91.15%。

从学历分组的统计结果看，汽车的拥有情况与保值商品的拥有情况相似。家庭户主的学历越高，家庭拥有汽车越普遍，且平均拥有汽车的价值越高。户主为博士学历的家庭，拥有汽车的比例达到35.34%。但从财富总量上看，户主学历为本科及大专的家庭,所拥有的保值品在价值总额中占比最大,达到了 59.95%。

> 家庭人口特征(需要抚养的子女数、需要赡养的老人数、家庭总人口)

从持有率上看,总人口为 5 位以上的家庭持有大件耐用品、保值商品和汽车的比例在所有家庭组别中最高。而从财富总量上看,三口之家持有大件耐用品、保值商品和汽车的总价值占全部家庭的比例均为最高,都接近 30%。

> 地理分布组

从地理分布上看,华东地区家庭平均拥有的大件耐用品的额度较高,其次是华北和华南地区的家庭,西北地区家庭平均拥有的大件耐用品的额度最低。这种现象与上述地区的经济发展水平有一致性。

保值品的情况。统计显示,华东地区家庭拥有保值品的现象最为普遍,拥有率为 48.96%,价值总量在全部家庭价值总量中的占比也最高,达到 46.06%。其次才是华北地区,拥有率为 45.27%,价值总量占全部家庭的 20.25%。而西北地区家庭保值品的持有率最低,仅为 19.66%,平均额度和价值总量占比也是最低的。

从汽车的拥有情况看,华北、华中、华东和华南地区的家庭拥有汽车的现象比较普遍。拥有率分别达到了 18.12%,17.15%、16.23% 和 14.94%。家庭汽车拥有率较低的地区为西北地区,尚未达到 5%。

> 城市类型

调查结果显示,家庭拥有大件耐用品的平均额度与城市的经济发展水平成正比。从持有率的角度来看,二类城市家庭持有大件耐用品的比例最高,达到 87.34%。从价值总量占比的角度来看,一类城市家庭拥有大件耐用品的总财富占全部家庭的比例最大,接近 50%,其次是三类城市、二类城市的家庭。同样的现象存在于家庭拥有保值品和汽车的情况。

> 收入、净财富和总财富分组

总的来看,随着家庭收入、净财富和总财富的增加,家庭平均拥有的大件耐用品的平均额度明显增加,显示了经济基础对大件耐用品的消费起支撑作用。家庭拥有保值品和汽车的情况与大件耐用品类似。

2. 商业资产和房产

本报告中的商业资产是指用于家庭商业经营的资产,包括商业经营的设备、存货等。房产是指家庭拥有所有权的房产(见表 2-7)。

表 2-7　　　　　　　　　　家庭拥有的商业资产和房产情况

	商业资产			自有房产		
	平均值	价值占比（%）	持有率（%）	平均值	价值占比（%）	持有率（%）
年龄分组						
25 岁以下	13 393	7.16	18.30	435 273	8.10	73.56
25~34 岁	18 887	41.06	23.73	544 556	41.21	76.50
35~40 岁	17 506	17.68	26.48	469 184	16.50	88.45
41~50 岁	24 013	28.59	22.85	462 060	19.15	88.52
51~60 岁	8 754	5.22	14.10	503 113	10.44	91.82
60 岁以上	906	0.30	8.54	404 116	4.61	89.44
婚姻状况						
未婚	15 432	20.62	16.58	531 026	24.60	68.41
已婚	18 103	76.76	23.83	489 026	71.91	87.31
其他（离异或丧偶）	9 263	2.63	12.91	354 908	3.49	87.25
受访者职业						
政府机关、党群组织的负责人或中高级官员	42 328	6.97	40.27	682 459	3.76	96.88
企业事业单位的管理人员	22 894	18.78	31.94	644 618	17.68	84.69
政府或企业事业单位的普通员工	8 788	9.50	23.22	591 562	21.39	81.60
专业技术人员或其他专业人士	5 683	3.31	21.54	495 742	9.66	77.83
技术工人	3 049	2.30	11.37	305 794	7.73	83.31
个体户	44 525	44.87	31.41	493 435	16.63	86.33
自由职业者	11 951	3.35	19.03	423 446	3.97	68.60
其他职业	13 040	8.59	12.25	423 957	9.34	80.37
待业	10 572	1.95	14.01	277 484	1.71	76.84
退休	713	0.38	9.06	450 838	8.14	92.63
学历						
初中及以下	10 208	13.44	11.27	274 250	12.57	82.74
高中及中专	12 001	23.32	17.67	429 239	29.02	86.48
本科及大专	23 347	56.73	29.33	637 527	53.91	81.05
硕士	43 753	6.11	40.98	857 645	4.16	77.18
博士	43 196	0.40	61.54	1 025 748	0.33	77.91

续表

	商业资产			自有房产		
	平均值	价值占比（%）	持有率（%）	平均值	价值占比（%）	持有率（%）
需要抚养的子女数						
无	15 241	32.34	21.09	575 003	42.47	76.47
1人	18 227	51.73	21.94	457 397	45.19	87.55
2人	18 112	12.41	23.02	427 614	10.20	84.33
3人以上	18 765	3.52	19.65	328 156	2.15	83.89
需要赡养的老人数						
无	9 030	14.85	16.47	468 063	26.79	83.96
1人	11 004	8.42	15.49	387 599	10.33	86.48
2人	18 164	34.39	23.37	521 642	34.37	79.98
3人	31 850	15.37	26.56	505 664	8.49	88.96
4人以上	25 725	26.97	29.15	548 515	20.02	81.96
家庭总人口						
1人	11 914	22.49	15.98	366 786	22.21	51.75
2人	8 100	7.12	17.81	545 406	15.37	87.69
3人	17 860	38.81	18.42	481 438	33.55	85.74
4人	19 754	10.94	25.84	485 639	8.63	83.04
5人以上	17 151	20.64	25.37	524 536	20.24	82.74
地理分布						
东北地区	10 168	5.86	15.96	313 069	6.28	87.60
华北地区	36 361	22.95	34.65	912 119	20.04	81.07
华东地区	25 017	37.86	26.99	735 152	38.72	79.07
华南地区	21 846	11.94	22.65	488 394	9.29	69.15
华中地区	11 811	6.81	10.34	379 175	7.61	83.73
西北地区	3 324	4.44	8.51	201 078	9.35	90.79
西南地区	15 532	10.14	19.15	382 781	8.70	81.34
城市类型						
第一类城市	32 607	55.14	28.26	959 657	56.49	78.63
第二类城市	21 094	16.81	26.32	383 206	10.63	81.69
第三类城市	8 386	28.05	13.56	282 379	32.88	84.82

续表

	商业资产			自有房产		
	平均值	价值占比（%）	持有率（%）	平均值	价值占比（%）	持有率（%）
收入划分变量						
1~10 000元	75	0.01	5.24	248 441	1.44	70.04
10 001~20 000元	806	0.35	4.39	202 214	3.05	68.50
20 001~50 000元	2 641	4.98	5.64	230 588	15.12	81.04
50 001~100 000元	6 731	12.56	16.68	462 714	29.98	83.74
100 001~200 000元	28 824	28.65	37.99	785 434	27.12	87.71
200 001~500 000元	62 138	22.50	60.17	1 265 008	15.91	91.44
≥500 001元	281 319	30.95	87.51	1 933 700	7.39	97.85
净资产分类变量						
≤0元	233	0.02	0.45	55 993	0.20	29.96
1~20000元	116	0.03	0.00	3 724	0.03	5.81
20001~50000元	935	0.25	5.84	7 225	0.07	14.32
50001~100000元	679	0.34	0.62	47 738	0.84	59.72
100001~500000元	2952	7.38	9.00	222 977	19.40	89.55
500001~1000000元	10468	11.88	28.53	546 224	21.58	98.51
1000001~3000000元	38754	33.57	47.98	1 203 156	36.28	99.17
≥3000001元	212718	46.53	72.14	2 837 604	21.61	99.71
家庭总财富						
1~20 000元	129	0.03	0.00	0	0.00	0.00
20 001~50 000元	848	0.23	0.76	2 290	0.02	8.26
50 001~100 000元	633	0.30	0.51	41 859	0.69	55.98
100 001~500 000元	2 782	6.83	8.29	203 220	17.37	88.95
500 001~1 000 000元	9 588	11.43	26.17	513 604	21.32	98.62
1 000 001~3 000 000元	36 481	34.19	47.62	1 148 625	37.48	99.18
≥3 000 001元	196 461	47.00	73.00	2 776 150	23.12	99.74

年龄分组

商业资产从年龄分组的情况看,户主年龄在"35~40岁"、"25~34岁"和"41~50岁"三个年龄段的家庭,其拥有商业资产的比例相对较大,均超过20%。户主年龄在60岁以上的家庭拥有商业资产的比例仅为8.54%。在所有年龄段中,户主年龄为"25~34岁"的家庭所拥有的商业资产价值总量在各年龄组别的家庭中最大,达到了41.06%。

家庭拥有房产的比例随着户主年龄的增加而呈加大趋势,这与购房需要一定的时间积累足够的财富有关。只有户主年龄为"60岁以上"的家庭组别拥有的比率略小于户主为"51~60岁"年龄段的家庭。

婚姻状况

调查结果显示,户主的婚姻状态为"已婚"的家庭,拥有商业资产和房产的比例最大,价值总量占比也最大。

职业分组

在调查的职业分组中,户主为"政府机关、党群组织的负责人或中高级官员"的家庭拥有商业资产的比例最大,达到40.27%。其次是户主为"企业事业单位的管理人员"、"个体户"的家庭,拥有率均超过30%;其中,户主为"个体户"的家庭拥有商业资产的总价值占全部家庭的比例最大,达到44.87%。

从住房的拥有率来看,户主为"政府机关、党群组织的负责人或中高层干部"的家庭拥有房产的比例最大,达到96.88%,平均额度也最大,达到682 459元;其次是户主为退休的家庭。而家庭户主为"政府或企业事业单位的普通员工"时,该组家庭拥有房产的总价值占全部家庭的比例最大,达到21.39%。

学历分组

从学历的角度看,家庭拥有商业资产的比例和平均额度随着户主学历的提高而增加;而户主学历为"本科及大专"的家庭,持有商业资产的总价值占全部家庭的比例最高,达到56.73%。

来看住房的情况:总体上随着户主学历的提高,家庭拥有住房的平均价值也在提高。户主学历为"初中及以下"的家庭,平均拥有的房产在27万元左右;户主学历为"硕士"的家庭,拥有房产的价值平均为86万元左右;户主为"博士学历"的家庭则更高,平均达到102万元。这可能与高学历户主的家庭居住在大中城市,且这些城市的房价较高有关,并不一定意味着不同学历组别家庭的居住条件(如建筑面积等)会相差得如价格那样悬殊。

家庭的人口特征（家庭抚养的子女数，家庭赡养的老人数，家庭总人口）

从人口特征的角度看，四口之家经营商业资产的比例相对较高，达到了25.84%。该组家庭平均持有的商业资产额度也最高，达到了19 754元。从持有商业资产的总价值占全部家庭的比例来看，三口之家的占比最高，约为38.81%。从抚养子女的角度看，抚养2个子女的家庭经营商业资产的比例较高些。

从家庭人口特征来看，无论是抚养子女数目、赡养老人数目还是家庭总人口，这些人口特征变量对家庭拥有住房的影响规律并不明显。

地理分布组

调查结果显示，华北、华东和华南地区家庭经营商业资产的比例相对较高，分别为34.65%、26.99%和22.65%，这三个地区家庭持有商业资产的总量分别占全部家庭的22.95%、37.86%和11.94%。而西北地区家庭无论是商业资产的持有率、平均额度，还是价值总量占比，都显著低于其他地区。

从住房的拥有率看，西北地区家庭住房的拥有率最高，超过了90%。其次是东北地区，拥有率为87.60%，华南地区家庭住房的拥有率最低，仅为69.15%。但从价值总量占比来看，华东、华北地区家庭拥有的住房资产价值显著高于其他地区，分别占全部家庭拥有的住房资产总额的38.72%、20.04%。

城市类型

统计结果显示，家庭经营商业资产的比例和平均额度随着城市经济发展水平的提高而增加。在第一类城市，家庭拥有商业资产的比例为28.26%，平均额度32 604元。从总量上看，第一类城市家庭拥有商业资产的总价值占全部家庭的比例达到了55.14%，其次是第三类城市。

住房的拥有率来看，第三类城市家庭拥有住房的比例较高，而一类城市家庭拥有住房的比率最低。尽管第一类城市经济发达，但过高的房价是阻碍家庭拥有住房的主要原因。

收入、净财富和总财富分组

从总体上看，随着家庭收入、净资产和总财富的增加，在财富的中高端，家庭拥有商业资产的比例逐渐增加，平均拥有商业资产的额度也在增加。一方面，家庭经营商业资产会带来家庭收入和财富的增加；另一方面，也可能是家庭的收入和财富增加后，有商业经营的意愿，愿意将家庭的一部分资产配置在商业资产上。

拥有住房需要一定的收入和财富作为经济基础。从收入、净资产和总财富三个变量分组统计的结果看，总体上家庭的收入和财富越多，家庭拥有住房资产的比例越大，且平均拥有住房的价值也越大。

2.2 负债状况

本报告将家庭的负债按期限划分,分为期限在一年以上的长期贷款和期限在一年以内的短期贷款,家庭的长期负债主要是指家庭的房贷、家庭为购买住房向亲友筹借的款项、购买汽车的贷款、教育贷款等。家庭的短期贷款主要考虑期限在 1 年以内的短期消费贷款(不含信用卡),为了照顾上述债项可能遗漏的内容,调研分别增加了其他长期借款和其他短期贷款两个子项,但由于对这两个子项的内容缺乏详尽的描述,故不对其内容作具体分析(见表 2-8)。

年龄分组

从年龄分组看,户主年龄在 51 岁以上的家庭购房时向银行贷款现象较少。较多使用银行贷款购房的家庭户主年龄主要集中在"25~34 岁"和"35~40 岁"两个年龄段,并且贷款的额度也相对较高。向亲友借款购房比例较多的年龄组别是户主年龄在"35~40 岁"、"41~50 岁"的家庭,并且借款额度也相对较高。但需要指出的是:除户主年龄为"25~34 岁"的组别外,无论户主处于哪个年龄段的家庭组别,家庭向亲友借款的现象都要比向银行借钱更普遍。这与家庭把亲友当做借钱的第一渠道的现象相吻合。

无论户主处于哪个年龄段,贷款买车的家庭比例都不高。即使在最高组别(35~40 岁)的家庭中,贷款购车的家庭也仅占 6.17%。短期消费贷款的比例也普遍不高,在户主为较年轻的前四个年龄段的家庭中,持有消费贷款的比例为 5.58%~9.63%。相对而言,户主在"25~34 岁"年龄段的家庭,平均短期消费贷款的额度较高。

婚姻分组

从婚姻状况的分组统计看,已婚家庭向亲友借款的比例比这类家庭向银行借款比例高 6 个百分点;而户主的婚姻状态是"未婚"时,其家庭向银行借款的比例与向亲友借款的比例相近;就"丧偶或离异"的家庭而言,家庭向亲友借款的比例是该组家庭向银行借款比例的 4 倍多。

户主是"已婚"状态的家庭贷款购车的比例最大,且该组别家庭贷款购车的价值比重是全部家庭贷款购车价值的 81.36%。户主为"未婚"的家庭短期消费贷款的比例大于其他两组家庭,且平均额度也最高。

表2-8 家庭的负债状况

	购房银行贷款			购房向亲友借款			汽车贷款			其他长期借款			短期消费贷款			其他短期贷款		
	平均值	价值占比(%)	持有率(%)	平均值	价值占比(%)	持有率(%)	平均值	价值占比(%)	持有率(%)	平均值	价值占比(%)	持有率(%)	平均值	价值占比(%)	持有率(%)	平均值	价值占比(%)	持有率(%)
年龄分组																		
25岁以下	12 815	4.13	12.20	6 217	4.67	20.32	372	2.38	4.04	952	4.17	5.89	488	9.40	8.33	799	8.17	7.51
25~34岁	43 731	57.36	23.85	11 207	34.25	21.32	1 966	51.07	4.66	1 965	35.07	4.53	647	50.72	9.63	453	18.85	5.78
35~40岁	29 268	17.84	20.21	19 125	27.16	32.20	1 671	20.17	6.17	2 443	20.26	5.64	400	14.59	5.58	1 006	19.44	5.97
41~50岁	22 010	15.81	15.50	14 867	24.88	27.70	1 636	23.28	5.29	3 403	33.26	5.65	505	21.68	8.40	2 334	53.16	7.81
51~60岁	10 595	3.81	7.78	10 068	8.44	13.97	436	3.11	4.67	1 467	7.18	6.24	151	3.24	6.54	34	0.39	3.43
60岁以上	5 260	1.04	5.65	1 310	0.60	11.58	0	0.00	1.99	23	0.06	2.06	31	0.36	2.34	1	0.00	2.06
婚姻状况																		
未婚	26 286	21.22	15.03	8 389	15.71	15.74	926	14.69	2.82	1 643	18.15	3.92	606	30.35	8.74	434	11.03	5.18
已婚	29 995	76.84	19.38	13 702	81.42	25.42	1 615	81.36	5.70	2 305	80.79	5.69	419	66.63	7.88	1 095	88.34	6.47
其他(离异或丧偶)	11 325	1.94	5.42	7 245	2.88	23.05	1 170	3.94	1.50	455	1.07	2.03	284	3.02	2.57	115	0.62	1.60
受访者职业																		
政府机关、党群组织的负责人或中高级官员	41 017	3.93	25.81	26 115	5.78	37.74	6 718	12.68	11.85	5 016	6.48	6.64	1 485	8.67	20.30	8 829	26.59	8.37
企业事业单位的管理人员	40 216	19.19	21.57	14 848	16.37	22.57	1 898	17.84	5.31	5 990	38.57	5.58	722	21.03	9.54	2 043	30.65	6.32
政府或企业事业单位的普通员工	37 139	23.36	22.90	8 366	12.16	20.21	1 312	16.26	5.76	794	6.74	9.46	406	15.57	9.46	105	2.09	5.66
专业技术人员或其他专业人士	29 150	9.88	18.32	10 858	8.51	18.56	2 120	14.16	3.99	2 006	9.18	4.08	281	5.81	6.67	111	1.18	3.68
技术工人	14 198	6.24	14.60	11 210	11.39	26.41	794	6.88	4.30	517	3.07	2.49	318	8.54	6.07	875	12.10	4.76
个体户	35 290	20.69	18.14	17 390	23.56	26.34	1 611	18.60	4.91	3 176	25.13	7.00	570	20.40	5.24	885	16.32	8.80

续表

	购房银行贷款		购房向亲友借款		汽车贷款			其他长期借款			短期消费贷款			其他短期贷款		
	平均值	价值占比(%)	持有率(%)	平均值	价值占比(%)	持有率(%)	平均值	价值占比(%)	持有率(%)	平均值	价值占比(%)	持有率(%)	平均值	价值占比(%)	持有率(%)	平均值	价值占比(%)	持有率(%)
自由职业者	23 602	3.85	14.72	9 246	3.48	17.18	550	1.77	4.40	1 066	2.34	5.81	494	4.91	10.84	580	2.97	7.81
其他职业	23 166	8.88	16.68	9 693	8.58	29.87	1 300	9.81	3.51	1 232	6.37	4.48	259	6.05	5.12	378	4.56	3.88
待业	18 744	2.01	14.13	7 942	1.97	27.62	193	0.41	4.99	790	1.14	5.56	573	3.74	7.38	354	1.19	7.02
退休	6 284	1.97	6.06	11 287	8.20	14.00	258	1.59	3.58	228	0.97	3.30	276	5.29	8.41	237	2.35	5.17
学历																		
初中及以下	8 602	6.82	8.82	11 757	21.70	23.04	4	0.07	2.66	1 105	11.93	4.33	161	7.65	4.87	345	8.71	5.31
高中及中专	21 343	24.98	17.21	11 981	32.63	26.24	852	19.70	5.00	1 561	24.88	5.98	339	23.82	5.53	1 153	42.97	6.96
本科及大专	41 879	61.31	22.37	12 543	42.72	21.02	2 509	72.61	5.82	3 143	62.67	5.09	736	64.60	11.24	1 032	48.11	5.53
硕士	72 231	6.07	28.15	14 447	2.83	17.97	4 366	7.26	6.77	448	0.51	1.49	762	3.84	8.96	54	0.15	4.68
博士	144 639	0.81	58.19	9 843	0.13	12.66	3 302	0.37	1.74	0	0.00	0.00	261	0.09	1.74	354	0.06	9.48
需要抚养的子女数																		
无	33 338	42.68	17.27	8 205	24.47	16.67	1 299	32.93	3.71	1 982	34.52	4.95	669	51.23	9.23	412	16.72	5.52
1人	25 765	44.12	19.48	13 702	54.66	26.40	1 558	52.83	6.26	2 160	50.33	5.38	316	32.41	7.74	1 275	69.20	6.55
2人	29 672	12.27	16.16	17 648	17.00	27.19	1 739	14.24	3.66	1 004	5.65	3.89	497	12.30	5.05	902	11.83	4.52
3人以上	8 127	0.92	2.36	14 634	3.86	31.13	0	0.00	0.00	6 165	9.50	7.50	599	4.06	3.39	624	2.24	6.43
需要赡养的老人数																		
无	14 240	14.13	11.54	7 868	18.18	18.06	725	14.25	3.95	871	11.75	3.64	186	11.01	5.90	971	30.54	5.27
1人	16 774	7.75	14.42	10 182	10.95	17.52	1 853	16.95	5.80	1 522	9.56	4.70	271	7.49	4.88	80	1.17	3.89
2人	27 007	30.86	17.19	14 679	39.05	25.27	1 236	27.95	4.77	2 176	33.81	6.28	479	32.70	7.62	530	19.17	6.26
3人	44 657	13.00	25.95	18 343	12.44	30.46	1 412	8.14	5.86	2 461	9.75	5.85	650	11.32	13.76	1 645	15.18	9.33
4人以上	54 139	34.26	27.29	13 152	19.38	27.93	2 613	32.72	5.23	4 083	35.13	5.31	991	37.48	10.68	1 692	33.93	6.33

续表

	购房银行贷款			购房向亲友借款			汽车贷款			其他长期借款			短期消费贷款			其他短期贷款		
	平均值	价值占比(%)	持有率(%)	平均值	价值占比(%)	持有率(%)	平均值	价值占比(%)	持有率(%)	平均值	价值占比(%)	持有率(%)	平均值	价值占比(%)	持有率(%)	平均值	价值占比(%)	持有率(%)
家庭总人口																		
1人	25 275	26.09	12.68	3 088	8.90	8.21	619	14.42	2.47	1 088	17.49	3.27	462	31.59	5.94	157	7.12	3.18
2人	32 095	15.42	18.47	7 740	10.38	15.41	1 684	18.27	4.48	2 135	15.98	6.71	353	11.24	8.22	99	2.08	5.18
3人	23 856	28.35	15.99	9 445	31.33	21.95	1 321	35.45	5.55	1 770	32.78	4.94	335	26.41	7.71	776	40.51	5.87
4人	31 451	9.53	20.26	14 028	11.86	24.45	1 640	11.21	4.66	2 594	12.24	5.30	741	14.87	8.76	1 308	17.39	6.22
5人以上	31 312	20.61	18.12	20 423	37.52	32.36	1 389	20.64	4.52	2 098	21.51	4.68	364	15.89	6.72	1 139	32.90	6.95
地理分布																		
东北地区	13 024	4.53	9.60	3 211	2.60	10.33	2 184	15.04	1.07	877	4.15	1.14	211	4.39	3.13	204	2.25	1.37
华北地区	38 590	14.70	17.69	17 320	15.37	24.93	1 125	8.48	1.67	1 794	9.29	3.15	788	17.95	5.13	507	6.12	4.29
华东地区	44 152	40.31	21.64	16 193	34.45	21.76	2 096	37.90	3.54	2 446	30.38	2.29	545	29.78	8.84	1 508	43.67	4.50
华南地区	42 976	14.17	16.51	9 439	7.25	16.89	1 572	10.27	2.53	4 434	19.90	5.06	1 462	28.83	7.40	984	10.29	4.09
华中地区	10 593	3.69	10.49	9 526	7.73	18.41	1 102	7.60	2.43	844	4.00	0.45	97	2.02	2.61	83	0.91	1.63
西北地区	8 051	6.49	7.19	11 254	21.13	25.52	222	3.54	1.01	2 393	26.24	3.50	201	9.71	3.84	1 311	33.49	3.52
西南地区	40 897	16.11	25.27	12 500	11.47	21.69	2 202	17.18	3.15	1 128	6.05	1.58	311	7.32	3.09	261	3.26	2.43
城市类型																		
第一类城市	54 467	55.58	19.71	8 448	20.08	9.64	2 453	49.58	2.54	3 007	41.75	2.48	926	56.53	7.43	589	19.07	2.85
第二类城市	22 266	10.71	15.50	15 354	17.20	24.57	983	9.36	1.84	793	5.19	2.43	176	5.05	3.89	319	4.87	2.59
第三类城市	16 703	33.71	13.44	13 339	62.72	25.97	1 027	41.06	2.23	1 932	53.06	2.61	318	38.42	4.62	1 189	76.07	3.86
收入划分变量																		
1～10 000元	13 855	1.39	11.60	3 339	0.77	23.23	161	0.32	0.18	62	0.08	1.25	52	0.31	3.82	0	0.00	0.00
10 001～20 000元	7 552	1.97	7.59	8 751	5.28	25.93	154	0.80	0.35	178	0.62	0.47	98	1.52	1.71	1 204	9.83	4.04

续表

	购房银行贷款			购房向亲友借款			汽车贷款			其他长期借款			短期消费贷款			其他短期贷款		
	平均值	价值占比(%)	持有率(%)	平均值	价值占比(%)	持有率(%)	平均值	价值占比(%)	持有率(%)	平均值	价值占比(%)	持有率(%)	平均值	价值占比(%)	持有率(%)	平均值	价值占比(%)	持有率(%)
20 001~50 000元	8 404	9.55	9.77	10 199	26.74	22.63	218	4.93	0.53	794	12.10	2.60	201	13.51	3.99	778	27.59	3.33
50 001~100 000元	25 360	28.49	16.75	13 436	34.82	21.68	1 172	26.21	2.26	2 552	38.41	2.64	415	27.55	4.49	210	7.38	2.81
100 001~200 000元	45 703	27.36	22.21	12 324	17.02	19.19	2 095	24.97	3.36	2 431	19.50	3.00	670	23.74	8.60	933	17.44	3.78
200 001~500 000元	80 027	17.44	24.01	13 488	6.78	11.15	5 045	21.90	5.89	7 165	20.93	4.44	868	11.19	11.42	768	5.23	5.13
≥500 001元	208 305	13.80	49.69	56 160	8.58	21.76	15 816	20.86	12.83	9 412	8.35	2.40	5 661	22.18	10.13	15 736	32.54	11.26
净资产分类变量																		
≤0元	90 991	5.70	40.17	52 920	7.72	78.14	226	0.28	0.45	30 527	26.02	17.72	1 204	4.51	6.81	16 728	33.22	32.31
1~20 000元	19	0.00	0.39	3 877	1.30	9.19	0	0.00	0.00	107	0.21	2.15	313	2.69	8.19	49	0.22	2.28
20 001~50 000元	4 766	0.77	6.29	2 005	0.75	6.92	307	0.98	0.50	645	1.42	1.44	819	7.90	4.86	177	0.91	2.97
50 001~100 000元	1 920	0.59	3.42	6 755	4.80	27.78	150	0.91	0.29	286	1.19	0.71	232	4.23	5.74	348	3.36	4.15
100 001~500 000元	14 468	21.81	12.44	11 725	41.18	22.65	522	15.59	1.40	1 085	22.25	2.32	193	17.41	2.32	158	7.54	1.29
500 001~1 000 000元	39 276	26.90	24.48	12 644	20.17	21.88	2 469	33.49	4.25	1 688	15.72	1.74	481	19.72	8.27	203	4.41	3.96
1 000 001~3 000 000元	55 149	28.82	21.17	12 659	15.41	14.92	2 970	30.74	4.51	3 447	24.51	4.22	783	24.47	7.85	919	15.23	4.35
≥3 000 001元	116 711	15.40	26.27	28 161	8.66	10.03	6 890	18.01	3.11	4 839	8.69	1.53	2 417	19.08	10.35	8 392	35.11	6.89
家庭总财富																		
1~20 000元	8 887	1.36	5.78	6 388	2.29	18.68	0	0.00	0.00	9 872	20.62	6.51	170	1.56	3.70	2 028	9.87	7.83
20 001~50 000元	373	0.06	0.58	4 101	1.54	8.07	0	0.00	0.00	39	0.09	0.78	286	2.76	6.92	221	1.13	3.14
50 001~100 000元	5 333	1.53	5.79	7 433	4.98	22.62	10	0.06	0.03	29	0.11	0.39	85	1.46	3.49	2 424	22.08	3.91
100 001~500 000元	7 193	10.66	9.01	10 302	35.56	22.67	442	12.97	1.30	950	19.15	2.41	277	24.50	2.92	163	7.67	1.78
500 001~1 000 000元	36 985	26.61	26.67	14 939	25.04	24.70	1 618	23.05	3.09	1 703	16.66	2.12	521	22.41	7.50	382	8.71	4.38
1 000 001~3 000 000元	66 564	37.65	26.26	14 116	18.60	17.91	3 552	39.78	5.24	3 761	28.94	4.05	751	25.39	8.56	725	13.00	4.15
≥3 000 001元	153 247	22.13	32.16	35 642	11.99	12.98	8 443	24.14	5.90	7 349	14.44	2.42	2 539	21.92	10.48	8 199	37.53	6.70

职业分组

对职业分组统计的结果进行比较发现：除户主职业为"政府或企业事业单位的普通员工"的家庭向亲友借款的比例略小于该组家庭向银行借款的比例外，其他职业组别的家庭向亲友借款买房的比例均大于其向银行贷款买房的比例。并且户主职业为"政府机关、党群组织的负责人或中高级官员"的家庭，向银行贷款买房、向亲友借款买房的比例和平均额度最大。此外，该组家庭贷款买车和短期消费贷款的比例和平均额度都显著高于其他组别的家庭。

学历分组

向银行贷款买房的家庭随着户主学历的提高呈增加趋势。调查显示：58.19%的有博士学历的户主家庭有银行的房贷，平均额度也显著高于其他组别的家庭，达到 144 639 元。但该组家庭向亲友借款买房的比例最小，向亲友借款买房比例最大的家庭是户主学历为"高中及中专"的家庭。

在汽车贷款方面，家庭贷款买车的比例普遍不大，比例最大的是户主为"硕士"学历的家庭组别，但也只有 6.77%。这表明，绝大多数家庭不接受贷款买车。相比之下，家庭接受短期消费贷款的比例要大于汽车贷款。其中，户主为本科及大专学历的家庭，使用短期消费贷款的比例达到了 11.24%，显著高于其他组别的家庭。

人口特征（需要抚养的子女数、需要赡养的老人数、家庭总人口）

调查显示，家庭人口总数为 4 的家庭向银行贷款买房的比例最大，平均额度也较高。同时，随着需要抚养的子女数的增加，需要赡养老人数的增加以及家庭总人口的增加，家庭向亲友借款买房的比例也呈加大趋势。

从人口特征上看，短期消费信贷没有明显的规律。四口之家使用短期消费信贷的比例最大，为 8.76%，均值达到 741 元。

地理分布

调查结果显示，西南和华东地区家庭向银行贷款买房的比例较大，均超过 20%；西北和东北地区家庭向银行贷款的比例较小，均不超过 10%。除了东北地区外，其他地区向亲友借款买房的比例较大。其中，西北地区的家庭向亲友借款买房的比例最大，为 25.52%；其次是华北地区，比率为 24.93%。

各地区家庭贷款买车的比例普遍不大，比例最大的华东地区贷款买车的比例也只有 3.54%；西北地区家庭贷款买车的比例最小，仅有 1.01%。华东和华南地区家庭短期消费贷款的比例更大些，分别达到 8.84% 和 7.40%；比例最小的是华中地区（2.61%）。

城市类型

城市的经济发展水平对家庭购房的借款行为有明显的影响。经济发展水平越高的城市，向银行贷款买房的家庭越多，向亲友借款买房的家庭越少。在关于汽车贷款和短期消费贷款的统计中，第一类城市家庭汽车贷款和短期消费贷款的比例最大，其次是第三类城市。

收入、净财富和总财富分组

从收入的角度看，除家庭收入在 10 000 元以下的家庭，家庭向银行借款的几率和平均额度随着家庭收入的增加逐渐提高。在收入超过 50 万元的家庭中，有 49.69% 的家庭贷款买房，平均额度达到 208 305 元。但向亲友借款买房的统计结果却没有类似的规律。这是银行在房贷时对收入进行考量的结果，换言之，收入越高，银行越愿意贷款给这类购房家庭。但就向亲友借款买房而言，尽管收入的多少是一个考量因素，但不是最重要的因素。

从财富的角度看，除了总财富 2 万元以下的家庭，总财富越多的家庭，向银行贷款的比例越大，能够从银行获得的贷款额度也越高。尽管家庭总财富越多，家庭向亲友能够筹借到的款项数额也越高，但向亲友借款的比例并不与财富的多少呈明显的正向关系。

在汽车贷款方面，随着家庭收入和家庭总财富的增加，家庭汽车贷款的比例和平均额度总体呈扩大趋势。在短期消费贷款方面，银行多数的消费贷款贷给了收入、净资产和家庭总财富处在中高端的家庭组别。具体来说，家庭收入为 5 万元以上的 4 个组别所持有的短期消费贷款超过了全部家庭贷款总量的 90%。其中的原因比较明显，处于财富和收入低端的家庭，金融机构由于担心其偿债能力，并不愿意将短期消费贷款贷给这部分家庭。而家庭收入和总财富处在中高端的家庭便很自然地成为了消费信贷的主要对象。

第 3 章

我国城市家庭的收支状况

从城市家庭的收入来看（见表 3-1），表中总体均值项是计算所有家庭该项收入平均所得出的结果，价值占比是该项收入占全部家庭总收入的比例。从表中可以看到，固定工资与津贴是家庭总收入的主要来源，其价值占比（即该项收入与总收入的比）达到 42.43%。工资与津贴的拥有率达到了 82.13%。列第二位的收入来源为经营性收入，价值占比为 26.79%，但其拥有率仅 37.33%，低于奖金（47.44%）、存款利息（52.66%）、单位缴纳的三险一金（50.38%）和个人缴纳的三险一金（49.39%）。考虑到个人投资股票和基金类的产品有赔钱和赚钱两种情况，将投资于基金和股票获得的收入分两种情况进行讨论。以股票为例，统计结果表明，在股票投资上赚钱的家庭与赔钱的家庭比例相当。再从价值的角度分析，投资股票赚钱的家庭所赚得收入相当于所有家庭平均收入的 1.87%，而赔钱相当于所有家庭平均收入的 1.89%，这表明，家庭投资股票基本上盈亏相当。家庭购买基金的情况也与股票类似。

从整个家庭部门的角度来看，这意味着家庭参与股票的投资几乎不会增加家庭的收入，而参与基金的投资对增加家庭收入的作用也非常有限。

表 3-1　　　　　　我国城市家庭收入状况（2010 年）

项目名称	总体均值	收入/总收入（%）	拥有率（%）
经营性收入	23 970	26.79	37.33
工薪收入			
固定工资与津贴	37 962	42.43	82.13
奖金	9 015	10.08	47.44
工作外劳动收入	5 315	5.94	24.18
财产性收入			
股票收入（盈利）	1 672	1.87	10.29
股票收入（亏损）	1 688	1.89	10.39
净收入	(15)		
基金收入（盈利）	1 003	1.12	9.48
基金收入（亏损）	753	0.84	8.84
净收入	250	0.28	
国债变现收入	178	0.20	6.95
存款利息	814	0.91	52.66
储蓄性保险利息	306	0.34	18.30
其他财产收入	484	0.54	10.76
转移性收入及其他收入			
离退休保险金	5 221	5.84	34.67
三险一金（单位缴纳）	4 911	5.49	50.38
其他转移性收入	715	0.80	11.24
工资中由个人缴纳的三险一金	2 961	3.31	49.39
纳税额	2 614	2.92	43.81
总计	89 474	100.00	

表 3-2 是我国城市家庭 2010 年的家庭支出状况。可以看出，首先饮食支出在家庭支出中占比最大，达到 31%，平均值为 17 539 元；其次为衣着、居住费用支出，分别占总支出的 10.92%，7.88%。我国城市家庭年自付医疗及保健费用平均为 2 085 元，年非储蓄性保险产品支出的平均值为 870 元。

表 3–2　　　　我国城市家庭支出状况（2010 年）

项目名称	平均值	参与均值	支出占比（%）
饮食支出	17 539	17 539	31.03
衣着	6 175	6 444	10.92
家庭设备及用品	4 248	4 861	7.52
通讯费	2 509	2 523	4.44
交通费	3 251	3 550	5.75
自付医疗及保险费用	2 085	2 715	3.69
文化娱乐及应酬费用	4 217	6 054	7.46
居住费用	4 453	4 806	7.88
赡养费用	3 078	6 591	5.45
子女教育	3 692	8 091	6.53
非储蓄性保险产品	870	6 053	1.54
交往用礼金	3 565	4 825	6.31
公益捐助等	841	2 276	1.49
总计	56 523		

3.1　家庭收入

表 3–3 给出的是我国城市居民家庭经营性收入和工薪收入的人口分布特征，其中工薪收入包括了固定工资与津贴、奖金和工作外劳动收入三项。表中的均值项是该项收入分摊到该组的每个家庭后，计算所得到平均值；表中的价值占比代表的是每组家庭该项收入占全部家庭该项收入的百分比。从表 3–3 可以看出：在均值水平上，我国城市家庭的经营性收入为 23 970 元，固定工资与津贴为 37 962 元，奖金为 9 015 元，工作外劳动收入为 5 315 元。各项收入对应的拥有率分别为 37%、82%、47% 和 24%。下面从分组情况来看经营性收入和工薪收入的分布情况。

受访者年龄组

总体看来，经营性收入、固定工资与津贴、奖金、工作外劳动收入的价值占比与各年龄段的家庭比例一致。户主为 51~60 岁和 60 岁以上的家庭其以上四项收入的价值占比相对家庭比例较小，而户主为 25～34 岁的家庭其以上四项收入的价值占比相对家庭比例较大。

_{受访者职业组}

在经营性收入一项中，户主为个体户的家庭拥有经营性收入的比例最大，达到 86.24%，价值占比达 48.33%，均值也达到 69 355 元；其次是户主为自由职业者的家庭，拥有率为 40.85%，均值为 23 844 元，但价值占比仅为 4.62%；户主为其他职业的家庭中经营性收入的拥有率为 36.75%，且均值为 17 456 元。

在固定工资与津贴这一项，除个体户外，根据户主职业划分的各个家庭组别的价值占比与家庭比例趋同。户主为个体户的家庭有固定工资和津贴收入来源的仅为 46.11%，户主为其他各类职业的家庭有固定工资与津贴收入来源的比率都较大，从待业人群的 68.74% 到政府机关、党群组织的负责人或中高级官员的 97.62%。从均值来看，最高的是政府机关、党群组织的负责人或中高级官员的家庭，此项收入均值为 53 721 元；最低的是户主为个体户的家庭，为 17 414 元；户主为其余各职业的家庭固定收入与津贴的均值为 28 128～52 392 元。

再看有奖金收入来源的家庭，比率最大的组别是户主职业为专业技术人员或其他专业人士的家庭，为 67.42%；其次是户主职业为企业事业单位的管理人员的家庭组别，为 66.92%；最低的是户主职业为个体户的家庭组别，拥有率仅为 20.38%，甚至低于户主为待业的家庭组别（26.21%）。从均值上看，最高的是户主职业为企业事业单位的管理人员的家庭组别，达到 16 207 元，最低的是户主职业为待业人员的家庭组别，仅 2 734 元。

在工作外劳动收入这一项，户主为企业事业单位的管理人员的家庭组别，其价值占比相对家庭人口比例较大；户主为技术工人、退休者的两组家庭价值占比相对家庭人口比例较小。从整体来讲，以户主职业划分的各个家庭组别中此项收入的拥有率都较低，低于 35%；其中最高的是专业技术人员或其他专业人士，拥有率为 34.31%，均值为 5 972 元；最低的是退休人员，拥有率为 9.99%，均值为 1 496 元。

_{受访者学历组}

从表 3-3 中可以看出，随着被访者学历的提高，家庭所获得的固定工资与津贴、奖金的均值均明显增大，其拥有率也在增加。但从价值占比来看，固定工资与津贴项在户主为本科及大专的家庭价值占比最大，为 53.93%；其次是户主为高中及中专的家庭，价值占比为 28.47%；户主学历为硕士和博士的家庭价值占比非常小，分别为 4.39% 和 0.45%。再看奖金项收入，价值占比最大的家庭

组别其户主的学历是本科及大专，为 68.48%；其次为高中及中专组别的家庭，为 17.87%。户主学历为硕士和博士的家庭组别该项价值占比分别仅为 7.68% 和 0.55%。从总体来看，固定工资与津贴在各学历阶层的拥有率相对较高，即 65.53% ~ 100%；而奖金的拥有率在各阶层的分布为 21.75% ~ 88.88%。

就经营性收入而言，户主为博士学历的家庭经营性收入均值最低，为 14 387 元；但对于其他组别，经营性收入和工作外劳动收入的均值几乎都随户主学历的升高而增加，且经营性收入的均值都在 10 000 元以上。但就价值占比而言，依然是户主为高中及中专、本科及大专两个家庭组别占多数，户主为硕士和博士的家庭价值占比很低。经营性收入和工作外劳动收入在以户主学历划分的各个家庭组别中拥有率都较低，低于 45%；其中经营性收入拥有率最高的组别家庭户主学历是初中及以下，为 43.50%；工作外劳动收入拥有率最高的家庭组别户主的学历是硕士，达 35.19%。

需要抚养的子女数和需要赡养的老人位数组

就需抚养子女的人数来看，有子女需抚养的家庭的经营性收入拥有率稍高于无子女家庭的拥有率；而有子女需抚养的家庭的工作外劳动收入的拥有率稍低于无子女家庭的拥有率。固定收入与津贴拥有率最高的是无子女的家庭，为 85.20%；固定收入与津贴均值最高的是无子女的家庭，为 42 927 元；该组别也是奖金均值和拥有率最高的家庭，分别为 12 772 元和 55.58%。

就需要赡养的老人人数而言，有 2 位和 2 位以上老人需赡养的家庭的经营性收入和工作外劳动收入的均值和拥有率要高于无老人需赡养家庭的均值和拥有率。从均值上看，固定工资与津贴收入最高的是有 2 位老人需要赡养的家庭，奖金收入最高的是有 4 位以上老人需要赡养的家庭。

家庭总人口组

随着家庭人口总数的增加，经营性收入、固定收入与津贴的拥有率都呈上升趋势。且相对于三口之家而言，四口之家的经营性收入均值有较大的增幅；一口之家的经营性收入和固定收入与津贴均值最低，分别为 11 242 元和 32 237 元。

地理分布组

经营性收入和工作外劳动收入拥有率最高的为华南地区，分别达到 40.36% 和 33.38%；固定工资与津贴拥有率最高的华中地区，达 86.57%。奖金拥有率最高的华东地区，达 59.89%。华东地区的家庭在经营性收入、固定收入与津贴、奖金和工作外劳动收入的价值占比也明显大于华东地区家庭，而西北地区这四项的价值占比明显小于其他地区家庭。

城市类型组

就经营性收入而言，第一、第二、第三类城市家庭的均值分别为 35 034 元、23 856 元和 18 403 元，拥有率分别为 31.24%、35.52% 和 37.88%。就固定收入与津贴、奖金而言，第一、第二、第三类城市的收入均值依次降低。就工作外劳动收入而言，第一类城市的均值和拥有率都最高，均值为 9 882 元，拥有率为 28.51%；第二类城市的均值和拥有率最低，均值为 2 891 元，拥有率为 19.30%。

第一类城市家庭经营性收入、固定收入与津贴、奖金的价值占比相对于家庭比例较大，第二、第三类城市家庭经营性收入、固定收入与津贴、奖金的价值占比相对于家庭比例较小。

收入、净资产、家庭总财富组

从表 3-3 可以看出，随着收入的增加，家庭经营性收入和各项工薪收入的均值都大幅增加。随着净资产和家庭总财富的增加，经营性收入和固定工资与津贴的均值也基本呈增加趋势，只是在净资产 50 万~100 万元和家庭总财富 50 万~100 万元这两个组别，经营性收入和固定工资与津贴的均值出现突增的现象。但在净资产和家庭总财富等级的低端，奖金和工作外劳动收入的变化尚未发现明显的规律。

表 3-4-1 和表 3-4-2 给出的是我国城市居民投资性收入的人口分布特征，投资性收入也称财产性收入，具体包括了股票净赚、股票净赔、基金净赚、基金净赔、国债利息、存款利息、储蓄性保险利息和其他财产性收入等 8 项。在八项投资性收入中，拥有率最高的是存款利息，达 52.66%。除存款利息外，拥有率最高的是储蓄性保险利息，其拥有率为 18.30%，但其均值只有 306 元。股票净赔和股票净赚是将投资股票的家庭根据投资赔赚的情况进行分类，但本质上这两个收入子项反映的是同一问题。类似的，基金净赔和基金净赚也如此。

受访者年龄组

在分析统计结果之前，先对分析股票净赔和净赚的数据做简单说明。以户主年龄为 25~34 岁的家庭组别为例，股票净赔的拥有率为 10.04%，表示在这个组别的家庭中有 10.04% 的家庭投资股票且发生了亏损，导致收入降低；净赔数额平均到该组的每个家庭，数额为 1 177 元，即表中"均值"项所对应的数据。股票净赚的拥有率为 12.19%，表示在户主年龄为 25~34 岁的家庭中，有 12.19% 的家庭投资股票是赚钱的，该组每个家庭平均净赚 2 231 元钱。从拥有率上看，可以判断在这个组别的家庭中，购买股票后究竟是赔钱的家庭数目较多还是赚钱

表 3-3 我国城市家庭经营性收入与工薪收入的人口分布特征（2010 年）

	经营性收入			固定收入与津贴			奖金			工作外劳动收入			家庭比例（%）
	均值	价值占比（%）	拥有率（%）	均值	价值占比（%）	拥有率（%）	均值	价值占比（%）	拥有率（%）	均值	价值占比（%）	拥有率（%）	
所有家庭	23 970	100.00	37.33	37 962	100.00	82.13	9 015	100.00	47.44	5 315	100.00	24.18	100.00
年龄分组													
25 岁以下	22 421	8.57	44.57	39 583	9.55	84.72	7 390	7.51	42.01	5 768	9.94	29.21	9.16
25~34 岁	26 971	41.94	37.93	42 029	41.26	86.25	13 615	56.29	60.69	6 941	48.67	30.15	37.27
35~40 岁	30 461	22.01	40.24	40 751	18.59	82.22	7 935	15.24	43.88	5 692	18.55	26.21	17.32
41~50 岁	25 211	21.47	38.47	33 997	18.28	80.19	6 016	13.62	43.19	4 569	17.54	19.76	20.41
51~60 岁	10 737	4.58	27.82	31 315	8.43	75.13	5 673	6.43	35.05	1 984	3.81	12.56	10.22
60 岁以上	6 133	1.44	25.73	26 239	3.88	70.14	1 454	0.91	17.44	1 402	1.48	7.34	5.62
婚姻状况													
未婚	23 414	22.30	40.65	41 714	25.07	86.70	12 336	31.28	58.57	7 311	31.34	30.57	22.80
已婚	24 779	74.89	37.05	37 817	72.13	80.95	8 271	66.57	45.00	4 812	65.47	22.99	72.36
其他（离异或丧偶）	13 947	2.82	26.48	21 936	2.80	78.45	3 999	2.15	31.21	3 497	3.18	11.91	4.84
受访者职业													
政府机关、党群组织的负责人或中高级官员	36 050	4.10	30.58	53 721	3.84	97.62	14 136	4.27	60.34	6 474	3.29	28.81	2.71
企业单位的管理人员	19 739	11.19	33.06	52 392	18.66	95.80	16 207	24.36	66.92	8 594	21.79	29.52	13.50
政府或企业单位的普通员工	16 452	12.30	26.62	47 971	22.52	94.38	13 410	26.58	62.98	4 959	16.58	25.42	17.80

续表

	经营性收入			固定收入与津贴			奖金			工作外劳动收入			家庭比例(%)
	均值	价值占比(%)	拥有率(%)	均值	价值占比(%)	拥有率(%)	均值	价值占比(%)	拥有率(%)	均值	价值占比(%)	拥有率(%)	
专业技术人员或其他专业人士	11 281	4.54	26.44	46 060	11.65	95.89	12 445	13.29	67.42	5 972	10.76	34.31	9.59
技术工人	6 868	3.59	20.27	35 318	11.59	94.90	5 808	8.05	46.29	2 527	5.90	18.97	12.44
个体户	69 355	48.33	86.24	17 414	7.62	46.11	3 038	5.61	20.38	6 146	19.15	20.76	16.59
自由职业者	23 844	4.62	40.85	30 622	3.72	72.19	7 487	3.84	42.52	4 944	4.28	27.81	4.61
其他职业	17 456	7.95	36.75	39 325	11.24	86.44	8 148	9.84	41.17	6 248	12.72	25.32	10.84
待业	12 138	1.54	19.16	28 128	2.25	68.74	2 734	0.92	26.21	5 334	3.04	30.16	3.03
退休	4 906	1.83	15.53	29 463	6.91	72.11	3 270	3.24	31.17	1 496	2.50	9.99	8.89
学历													
初中及以下	19 256	18.13	43.50	21 484	12.75	65.53	2 168	5.43	21.75	2 866	12.14	17.75	22.55
高中及中专	23 197	32.23	38.15	32 491	28.47	79.64	4 839	17.87	38.98	3 688	23.05	18.99	33.28
本科及大专	27 046	47.00	33.65	49 221	53.93	92.39	14 824	68.48	66.44	7 519	58.77	31.26	41.62
硕士	25 498	2.54	33.13	69 760	4.39	92.69	28 940	7.68	70.39	12 233	5.49	35.19	2.39
博士	14 387	0.10	13.18	107 864	0.45	100.00	30 756	0.55	88.88	18 246	0.55	31.61	0.16
需要抚养的子女数													
无	23 946	36.34	35.40	42 927	41.13	85.20	12 772	51.54	55.58	6 614	45.26	28.10	36.38
1人	21 245	43.12	37.24	37 043	47.48	83.53	7 501	40.48	45.64	4 747	43.46	21.70	48.66
2人	33 348	16.35	42.36	30 978	9.59	72.61	5 675	7.40	38.69	4 217	9.32	24.84	11.75
3人以上	31 201	4.19	42.40	21 234	1.80	59.71	1 626	0.58	13.28	3 234	1.96	15.17	3.22

续表

	经营性收入			固定收入与津贴			奖金			工作外劳动收入			家庭比例(%)
	均值	价值占比(%)	拥有率(%)	均值	价值占比(%)	拥有率(%)	均值	价值占比(%)	拥有率(%)	均值	价值占比(%)	拥有率(%)	
需要赡养的老人数													
无	16 784	19.74	33.58	36 475	27.09	81.28	7 306	22.89	42.21	3 465	18.41	19.28	28.19
1人	16 537	9.05	33.49	30 892	10.68	76.94	4 931	7.19	34.19	3 825	9.46	16.91	13.12
2人	29 907	40.48	43.71	41 074	35.12	83.82	10 402	37.51	55.83	6 693	40.94	29.63	32.45
3人	25 741	8.88	38.65	35 325	7.70	86.26	8 916	8.19	45.01	8 236	12.84	27.62	8.27
4人以上	29 149	21.85	33.91	41 006	19.41	82.22	12 128	24.22	51.18	5 421	18.36	25.67	17.97
家庭总人口													
1人	11 242	2.14	28.10	32 237	3.87	76.64	12 171	6.18	53.09	4 493	3.85	21.46	4.56
2人	17 165	7.69	26.33	35 202	9.96	78.84	9 789	11.71	40.64	3 189	6.44	19.12	10.74
3人	18 611	28.59	34.16	38 977	37.79	85.86	9 133	37.47	49.09	4 611	31.93	21.29	36.82
4人	31 154	40.24	43.22	36 367	29.64	80.32	8 036	27.71	45.20	6 297	36.65	26.68	30.95
5人以上	30 222	21.34	43.31	42 063	18.74	80.80	8 974	16.92	50.58	6 637	21.12	29.96	16.92
地理分布													
东北地区	17 391	7.17	31.88	27 833	7.24	78.43	4 937	5.41	32.88	4 695	8.73	15.55	9.88
华北地区	33 926	15.32	33.59	53 143	15.15	75.92	16 829	20.20	49.42	10 728	21.84	28.15	10.82
华东地区	34 801	37.66	39.63	45 622	31.18	82.08	13 663	39.32	59.89	6 766	33.02	30.39	25.94
华南地区	33 647	13.15	40.36	41 580	10.26	82.79	11 098	11.54	57.74	7 717	13.61	33.38	9.37

续表

	经营性收入			固定收入与津贴			奖金			工作外劳动收入			家庭比例(%)
	均值	价值占比(%)	拥有率(%)	均值	价值占比(%)	拥有率(%)	均值	价值占比(%)	拥有率(%)	均值	价值占比(%)	拥有率(%)	
华中地区	16 447	6.79	40.28	40 415	10.53	86.57	5 212	5.72	54.74	2 471	4.60	18.64	9.89
西北地区	10 202	9.75	33.56	24 489	14.77	81.15	2 568	6.53	23.45	2 060	8.88	10.42	22.90
西南地区	21 769	10.16	27.84	36 843	10.86	84.67	9 094	11.29	50.59	4 431	9.33	20.48	11.19
地理分布													
第一类城市	35 034	42.38	31.24	55 792	42.61	86.49	19 990	64.29	61.46	9 882	53.90	28.51	28.99
第二类城市	23 856	13.60	35.52	35 239	12.68	81.07	7 051	10.68	53.85	2 891	7.43	19.30	13.66
第三类城市	18 403	44.03	37.88	29 596	44.71	79.32	3 934	25.03	36.30	3 584	38.66	19.55	57.34
收入划分变量													
1~10 000元	1 152	0.13	21.18	3 874	0.29	41.47	263	0.08	4.95	869	0.46	14.89	2.86
10 001~20 000元	4 722	1.44	35.08	8 517	1.65	71.78	890	0.72	16.42	842	1.16	10.44	7.46
20 001~50 000元	6 314	8.38	28.04	21 107	17.79	82.40	2 097	7.40	32.71	1 626	9.73	13.18	32.43
50 001~100 000元	14 584	19.14	35.90	37 749	31.44	85.72	6 591	22.99	54.56	3 087	18.27	21.74	32.05
100 001~200 000元	33 976	23.76	46.51	57 963	25.73	87.77	15 186	28.23	65.41	7 720	24.35	37.44	17.08
200 001~500 000元	85 531	21.78	51.07	96 021	15.52	86.97	36 922	25.00	77.42	17 096	19.63	43.37	6.22
≥500 001元	327 704	25.36	70.19	154 239	7.58	81.76	75 713	15.57	74.97	75 627	26.39	49.67	1.89
净资产分类变量													
≤0元	7 034	0.52	24.43	20 621	0.97	76.00	1 710	0.34	18.67	1 544	0.52	16.00	1.78

续表

	经营性收入			固定收入与津贴			奖金			工作外劳动收入			家庭比例(%)
	均值	价值占比(%)	拥有率(%)	均值	价值占比(%)	拥有率(%)	均值	价值占比(%)	拥有率(%)	均值	价值占比(%)	拥有率(%)	
1~20 000 元	8 451	1.44	33.28	15 952	1.71	62.29	2 008	0.91	26.61	1 839	1.41	13.27	4.08
20 001~50 000 元	7 324	1.40	31.62	24 695	2.98	83.13	4 005	2.03	43.72	3 012	2.60	23.28	4.58
50 001~100 000 元	5 955	2.15	22.00	24 074	5.49	80.00	3 227	3.10	27.10	2 829	4.61	21.24	8.66
100 001~500 000 元	12 057	21.55	32.67	29 971	33.82	81.69	3 905	18.56	37.31	2 284	18.41	14.46	42.84
500 001~1 000 000 元	23 630	19.18	43.37	41 447	21.25	85.88	9 162	19.78	62.47	5 055	18.51	28.67	19.46
1 000 001~3 000 000 元	53 819	33.34	42.80	58 277	22.80	81.33	21 524	35.46	64.27	10 734	29.99	35.19	14.85
≥3 000 001 元	130 470	20.41	45.25	111 165	10.98	85.94	47 664	19.83	67.76	33 959	23.96	36.87	3.75
家庭总财富													
1~20 000 元	8 451	1.54	34.31	15 656	1.80	60.64	1 994	0.97	22.26	1 683	1.38	12.94	4.37
20 001~50 000 元	6 699	1.28	28.07	24 889	3.01	86.62	4 076	2.07	44.95	3 344	2.88	24.91	4.59
50 001~100 000 元	5 769	1.97	22.90	23 347	5.02	78.86	3 125	2.83	27.49	2 631	4.04	19.46	8.18
100 001~500 000 元	11 400	20.04	31.85	29 255	32.45	81.28	3 495	16.32	35.18	2 152	17.05	13.83	42.17
500 001~1 000 000 元	23 173	19.78	43.39	40 220	21.67	86.87	8 654	19.63	62.70	4 754	18.29	28.02	20.48
1 000 001~3 000 000 元	48 678	32.67	42.13	56 649	23.99	80.88	20 744	36.98	63.92	10 105	30.56	34.93	16.10
≥3 000 001 元	132 662	22.73	46.00	111 575	12.06	85.92	46 588	21.20	68.31	33 393	25.78	39.13	4.11

表 3-4-1 我国城市家庭投资性收入的人口分布特征（2010 年）

	股票净赚			股票净赔			基金净赚			基金净赔			家庭比例（%）
	均值	价值占比(%)	拥有率(%)	均值	价值占比(%)	拥有率(%)	均值	价值占比(%)	拥有率(%)	均值	价值占比(%)	拥有率(%)	
所有家庭	1 672	100.00	10.29	1 688	100.00	10.39	1 003	100.00	94.79	753	100.00	8.84	100.00
年龄分组													
25 岁以下	953	5.22	9.76	611	3.32	6.64	295	2.51	10.16	201	2.45	5.60	9.16
25~34 岁	2 231	49.73	12.19	1 177	25.99	10.04	686	23.74	10.44	432	21.37	7.50	37.27
35~40 岁	2 054	21.27	10.35	1 788	18.35	12.07	556	8.95	10.36	868	19.95	10.05	17.32
41~50 岁	1 623	19.81	9.56	1 362	16.46	9.57	2 787	52.83	9.65	990	26.83	9.71	20.41
51~60 岁	416	2.54	7.65	4 937	29.89	15.57	272	2.58	5.30	1 413	19.16	11.47	10.22
60 岁以上	426	1.43	5.89	1 798	5.99	7.18	1 798	9.38	6.24	1 375	10.26	11.77	5.62
婚姻状况													
未婚	2 035	27.81	11.79	1 161	15.68	7.84	474	10.76	8.80	357	10.79	4.97	22.80
已婚	1 636	70.96	10.19	1 882	80.70	11.27	1 219	87.83	9.79	926	88.93	10.46	72.36
其他（离异或丧偶）	425	1.23	4.62	1 261	3.62	8.52	294	1.42	8.02	45	0.29	2.83	4.84
受访者职业													
政府机关、党群组织的负责人或中高级官员	1 527	2.47	11.17	968	1.56	14.65	18 153	49.01	13.95	1 298	4.70	5.37	2.71
企业事业单位的管理人员	2 688	21.66	14.58	1 658	13.28	11.78	1 058	14.23	14.32	858	15.46	9.28	13.50
政府或企业事业单位的普通员工	2 294	24.37	13.47	1 621	17.13	15.54	480	8.51	10.62	507	12.05	9.49	17.80

我国城市家庭的收支状况

续表

	股票净赚			股票净赔			基金净赚			基金净赔			家庭比例（%）
	均值	价值占比(%)	拥有率（%）	均值	价值占比(%)	拥有率（%）	均值	价值占比(%)	拥有率（%）	均值	价值占比(%)	拥有率（%）	
专业技术人员或其他专业人士	1 103	6.31	9.08	1 032	5.88	8.15	396	3.78	7.96	260	3.33	5.73	9.59
技术工人	699	5.19	5.84	915	6.76	7.51	145	1.80	5.58	638	10.59	6.81	12.44
个体户	2 218	21.96	9.95	1 080	10.63	6.33	868	14.34	9.62	760	16.82	7.43	16.59
自由职业者	2 715	7.47	11.68	2 664	7.29	13.19	903	4.15	12.85	327	2.01	9.13	4.61
其他职业	1 195	7.73	8.45	796	5.12	7.32	211	2.28	6.33	380	5.50	7.43	10.84
待业	412	0.74	6.08	2 098	3.77	7.96	149	0.45	13.04	589	2.38	6.70	3.03
退休	394	2.09	8.05	5 417	28.58	12.91	164	1.45	6.15	2 289	27.16	18.68	8.89
学历													
初中及以下	348	4.69	5.25	1 656	22.10	6.29	245	5.51	5.13	185	5.54	4.77	22.55
高中及中专	1 323	26.29	8.45	1 388	27.35	8.85	404	13.40	8.47	788	34.90	9.20	33.28
本科及大专	2 324	57.79	13.85	1 803	44.41	13.17	1 819	75.53	12.25	998	55.24	10.69	41.62
硕士	7 648	10.92	20.35	4 303	6.09	22.35	2 263	5.39	16.49	1 315	4.18	9.97	2.39
博士	3 177	0.30	22.04	614	0.06	4.91	1 005	0.16	6.65	649	0.14	14.10	0.16
需要抚养的子女数													
无	2 229	48.48	12.26	2 043	44.04	10.52	528	19.16	9.47	424	20.47	6.67	36.38
1人	1 375	40.00	10.32	1 524	43.94	11.61	1 532	74.29	10.04	755	48.74	10.53	48.66

续表

	股票净赚			股票净赔			基金净赚			基金净赔			家庭比例(%)
	均值	价值占比(%)	拥有率(%)	均值	价值占比(%)	拥有率(%)	均值	价值占比(%)	拥有率(%)	均值	价值占比(%)	拥有率(%)	
2人	1 084	7.62	6.34	1 685	11.73	7.09	495	5.79	9.32	1 891	29.48	9.44	11.75
3人以上	2 023	3.89	1.71	153	0.29	1.93	237	0.76	1.31	305	1.30	6.05	3.22
需要赡养的老人数													
无	692	11.66	9.35	1 625	27.14	10.04	328	9.23	8.44	929	34.74	10.80	28.19
1人	1 321	10.37	7.27	3 795	29.50	11.87	482	6.30	6.83	1 351	23.52	8.37	13.12
2人	2 326	45.12	11.59	1 047	20.13	9.02	559	18.07	10.44	400	17.24	6.41	32.45
3人	1 582	7.82	13.65	1 120	5.49	10.35	643	5.30	9.55	724	7.95	9.76	8.27
4人以上	2 329	25.03	10.08	1 666	17.74	12.37	3 412	61.10	11.29	694	16.55	10.22	17.97
家庭总人口													
1人	1 180	3.21	11.38	1 631	4.38	7.73	479	2.16	10.54	111	0.67	4.56	4.56
2人	1 032	6.62	12.45	1 736	10.99	15.26	358	3.81	8.89	515	7.30	8.62	10.74
3人	1 456	32.01	10.80	2 328	50.54	11.94	358	13.08	9.02	884	42.99	11.31	36.82
4人	2 180	40.29	9.67	1 316	24.01	9.02	2 204	67.63	9.72	1 047	42.81	9.12	30.95
5人以上	1 768	17.86	8.43	1 009	10.07	7.21	794	13.31	10.27	279	6.23	4.26	16.92
地理分布													
东北地区	1 138	6.72	5.90	642	3.76	5.57	415	4.08	3.91	492	6.45	4.54	9.88
华北地区	4 184	27.08	10.14	2 073	13.29	8.26	1 192	12.86	8.66	1 514	21.75	6.96	10.82
华东地区	2 803	43.48	11.97	2 309	35.49	11.45	2 695	69.69	10.74	489	16.84	5.36	25.94

续表

	股票净赚			股票净赔			基金净赚			基金净赔			家庭比例(%)
	均值	价值占比(%)	拥有率(%)	均值	价值占比(%)	拥有率(%)	均值	价值占比(%)	拥有率(%)	均值	价值占比(%)	拥有率(%)	
华南地区	2 353	13.18	9.98	1 561	8.67	8.17	585	5.47	8.29	490	6.09	5.12	9.37
华中地区	356	2.11	9.76	336	1.97	2.84	249	2.46	6.65	144	1.89	1.60	9.89
西北地区	86	1.17	0.74	2 272	30.82	7.67	162	3.70	4.26	1 483	45.09	12.20	22.90
西南地区	935	6.26	8.98	905	6.00	6.65	157	1.75	4.51	127	1.89	3.33	11.19
城市类型													
第一类城市	4 401	76.30	4.24	2 830	48.61	5.32	1 105	31.93	5.89	963	37.07	6.05	28.99
第二类城市	984	8.04	6.03	1 277	10.34	6.86	298	4.05	6.18	387	7.02	4.95	13.66
第三类城市	457	15.66	4.24	1 208	41.05	5.32	1 120	64.01	5.89	735	55.91	6.05	57.34
收入划分变量													
1~10 000元	4	0.01	0.42	1 524	4.29	11.28	18	0.05	2.12	18	0.13	5.32	2.86
10 001~20 000元	19	0.08	0.93	19	0.14	3.17	111	0.81	0.46	561	10.26	4.14	7.46
20 001~50 000元	70	1.33	2.63	588	18.77	4.77	114	3.62	3.30	114	9.07	6.70	32.43
50 001~100 000元	398	7.47	7.19	825	26.04	6.93	338	10.59	7.04	310	24.33	4.72	32.05
100 001~200 000元	1 682	16.84	13.78	1 228	20.65	9.77	1 014	16.95	12.74	345	14.44	4.57	17.08
200 001~500 000元	7 873	28.71	26.66	3 153	19.30	16.01	1 867	11.36	13.65	2 336	35.64	13.72	6.22
≥500 001元	41 114	45.56	40.46	5 814	10.82	14.16	30 601	56.61	36.38	1 325	6.14	5.49	1.89
净资产分类变量													
≤0元	36	0.04	0.73	37	0.04	1.21	29	0.05	0.98	13	0.03	0.61	1.78

续表

	股票净赚			股票净赔			基金净赚			基金净赔			家庭比例(%)
	均值	价值占比(%)	拥有率(%)	均值	价值占比(%)	拥有率(%)	均值	价值占比(%)	拥有率(%)	均值	价值占比(%)	拥有率(%)	
1~20 000 元	21	0.05	2.03	75	0.18	5.31	4	0.01	0.69	6	0.03	0.73	4.08
20 001~50 000 元	33	0.09	0.85	77	0.21	0.62	59	0.27	3.47	15	0.09	1.22	4.58
50 001~100 000 元	100	0.52	3.49	155	0.80	3.56	39	0.34	2.06	385	4.42	5.19	8.66
100 001~500 000 元	243	6.23	3.57	1 587	40.28	6.03	178	7.60	4.46	727	41.35	6.82	42.84
500 001~1 000 000 元	1 059	12.33	9.42	1 574	18.14	10.30	445	8.63	9.05	674	17.40	6.26	19.46
1 000 001~3 000 000 元	3 135	27.84	18.13	1 986	17.47	13.16	1 440	21.31	13.61	763	15.05	7.47	14.85
≥3 000 001 元	23 589	52.90	36.51	10 298	22.88	22.61	16 534	61.79	25.32	4 345	21.63	16.03	3.75
家庭总财富													
1~20 000 元	20	0.05	1.90	10	0.03	0.68	2	0.01	0.59	10	0.06	0.75	4.37
20 001~50 000 元	14	0.04	0.47	139	0.38	4.77	58	0.27	3.25	15	0.09	1.22	4.59
50 001~100 000 元	96	0.47	3.52	84	0.40	3.28	31	0.26	2.21	175	1.90	3.18	8.18
100 001~500 000 元	181	4.55	3.00	1 492	37.21	5.57	175	7.33	4.28	737	41.18	7.05	42.17
500 001~1 000 000 元	961	11.74	9.44	1 641	19.87	9.60	363	7.40	7.88	726	19.70	6.46	20.48
1 000 001~3 000 000 元	2 835	27.23	17.49	1 983	18.88	13.87	1 317	21.08	14.02	713	15.22	6.85	16.10
≥3 000 001 元	22 808	55.93	35.73	9 555	23.23	22.23	15 577	63.66	24.47	4 013	21.85	16.02	4.11

表 3-4-2 我国城市家庭投资性收入的人口分布特征（2010 年）

	国债利息			存款利息			储蓄性保险利息			其他财产性收入			家庭比例 (%)
	均值(元)	价值占比(%)	拥有率(%)	均值(元)	价值占比(%)	拥有率(%)	均值(元)	价值占比(%)	拥有率(%)	均值(元)	价值占比(%)	拥有率(%)	
所有家庭	178	100.00	6.95	814	100.00	52.66	306	100.00	18.30	484	100.00	10.76	
年龄分组													
25 岁以下	39	2.00	5.75	583	6.56	47.10	91	2.73	15.14	464	8.78	9.76	9.16
25～34 岁	139	28.94	6.18	866	39.64	53.96	381	46.39	18.87	515	39.62	11.79	37.27
35～40 岁	94	9.17	7.02	798	16.98	56.07	322	18.22	22.66	375	13.43	14.04	17.32
41～50 岁	124	14.16	8.56	909	22.79	54.91	343	22.87	19.06	461	19.45	9.44	20.41
51～60 岁	181	10.36	6.25	859	10.78	51.02	235	7.85	16.57	679	14.34	8.69	10.22
60 岁以上	1 123	35.36	9.23	471	3.25	37.82	106	1.94	6.65	378	4.39	4.19	5.62
婚姻状况													
未婚	119	15.22	5.28	741	20.74	52.01	225	16.77	14.73	536	25.34	9.41	22.80
已婚	199	80.63	7.38	869	77.20	54.06	347	81.97	20.04	481	72.08	11.66	72.36
其他（离异或丧偶）	153	4.16	8.36	347	2.06	34.87	80	1.26	9.16	258	2.59	3.65	4.84
受访者职业													
政府机关、党群组织的负责人或中高级官员	447	6.79	10.55	1 607	5.34	83.66	441	3.97	31.14	767	4.56	15.89	2.71
企业事业单位的管理人员	149	11.30	6.99	991	16.42	59.76	457	20.51	20.18	748	22.16	15.81	13.50
政府或企业事业单位的普通员工	431	42.97	8.39	913	19.95	62.06	213	12.61	20.50	381	14.87	10.36	17.80

续表

	国债利息			存款利息			储蓄性保险利息			其他财产性收入			家庭比例(%)
	均值(元)	价值占比(%)	拥有率(%)	均值(元)	价值占比(%)	拥有率(%)	均值(元)	价值占比(%)	拥有率(%)	均值(元)	价值占比(%)	拥有率(%)	
专业技术人员或其他专业人士	128	6.86	6.44	954	11.22	63.26	201	6.42	22.23	216	4.55	8.01	9.59
技术工人	156	10.90	6.41	655	10.00	38.73	536	22.16	16.64	214	5.84	9.19	12.44
个体户	97	9.01	8.07	961	19.58	50.03	386	21.30	19.15	599	21.80	14.51	16.59
自由职业者	23	0.58	4.70	415	2.35	42.68	166	2.55	14.76	327	3.31	8.41	4.61
其他职业	39	2.38	4.48	484	6.44	43.20	164	5.90	13.90	409	9.73	7.99	10.84
待业	30	0.52	5.44	425	1.58	51.85	51	0.52	16.22	156	1.04	6.04	3.03
退休	175	8.70	6.80	653	7.12	44.58	137	4.06	11.34	623	12.14	6.47	8.89
学历													
初中及以下	26	3.31	4.83	474	13.12	40.60	326	24.13	10.84	372	39.90	7.29	22.55
高中及中专	247	46.99	7.01	750	30.62	51.15	224	24.43	15.77	339	17.16	10.52	33.28
本科及大专	162	38.59	7.61	1 009	51.54	59.40	328	44.79	23.69	578	36.54	12.28	41.62
硕士	693	9.46	13.81	1 513	4.44	73.25	756	5.93	30.29	1 723	6.25	19.48	2.39
博士	1 803	1.65	13.18	1 375	0.27	69.37	1 359	0.71	19.71	610	0.15	13.18	0.16
需要抚养的子女数													
无	179	36.43	6.38	791	35.33	52.39	245	29.13	16.00	503	37.76	9.54	36.38
1人	96	26.20	7.91	818	48.90	54.62	259	41.24	20.41	521	52.40	12.37	48.66

续表

	国债利息			存款利息			储蓄性保险利息			其他财产性收入			家庭比例(%)
	均值(元)	价值占比(%)	拥有率(%)	均值(元)	价值占比(%)	拥有率(%)	均值(元)	价值占比(%)	拥有率(%)	均值(元)	价值占比(%)	拥有率(%)	
2人	159	10.49	4.66	895	12.92	48.65	740	28.43	19.45	271	6.58	7.86	11.75
3人以上	1 490	26.87	6.96	718	2.84	40.69	114	1.20	7.54	490	3.26	10.55	3.22
需要赡养的老人数													
无	321	50.64	7.48	671	23.23	52.63	184	16.93	15.61	473	27.56	7.81	28.19
1人	109	8.02	5.56	736	11.86	41.70	181	7.75	13.01	363	9.84	7.80	13.12
2人	108	19.55	6.76	904	36.07	59.97	272	28.87	20.03	540	36.21	13.70	32.45
3人	161	7.44	9.12	1 038	10.55	48.78	436	11.80	22.47	529	9.03	9.69	8.27
4人以上	143	14.36	6.47	828	18.29	49.41	590	34.65	21.37	468	17.36	12.81	17.97
家庭总人口													
1人	172	4.53	7.01	541	3.03	51.42	152	2.27	11.65	319	3.18	4.13	4.56
2人	596	36.92	10.17	596	7.85	48.16	186	6.53	15.93	166	3.90	7.32	10.74
3人	112	23.83	7.16	784	35.42	55.97	229	27.55	17.03	448	36.09	10.21	36.82
4人	148	26.40	6.38	866	32.90	47.50	439	44.37	20.01	476	32.28	9.56	30.95
5人以上	85	8.32	5.34	1 002	20.80	58.98	349	19.28	21.53	663	24.54	18.18	16.92
地理分布													
东北地区	72	4.00	2.13	498	6.05	43.59	93	2.99	7.20	255	5.20	3.46	9.88
华北地区	271	16.45	5.22	1 399	18.60	60.61	467	16.51	21.38	791	17.68	7.44	10.82
华东地区	193	28.00	6.77	1 176	37.50	63.31	340	28.87	24.19	703	37.68	11.23	25.94

续表

	国债利息			存款利息			储蓄性保险利息			其他财产性收入			家庭比例（%）
	均值（元）	价值占比（%）	拥有率（%）	均值（元）	价值占比（%）	拥有率（%）	均值（元）	价值占比（%）	拥有率（%）	均值（元）	价值占比（%）	拥有率（%）	
华南地区	213	11.16	3.84	865	9.96	53.93	337	10.33	17.32	597	11.56	9.12	9.37
华中地区	77	4.29	8.31	1 009	12.26	78.19	311	10.07	11.35	327	6.68	18.17	9.89
西北地区	238	30.60	1.99	270	7.59	21.45	288	21.60	10.42	67	3.18	3.99	22.90
西南地区	87	5.49	2.33	585	8.05	57.30	263	9.64	14.82	780	18.02	6.48	11.19
城市类型													
第一类城市	290	47.16	5.98	1 351	48.12	57.87	515	48.78	19.44	1 010	60.50	8.96	28.99
第二类城市	66	5.07	2.48	844	14.17	67.91	260	11.61	24.98	286	8.06	6.01	13.66
第三类城市	149	47.78	4.11	535	37.71	44.20	211	39.61	12.28	265	31.44	8.60	57.34
收入划分变量													
1~10 000 元	5	0.07	1.84	153	0.53	24.49	10	0.09	3.58	38	0.22	2.49	2.86
10 001~20 000 元	6	0.23	0.32	131	1.18	17.16	43	1.04	5.33	43	0.66	2.41	7.46
20 001~50 000 元	19	3.36	2.11	252	9.87	42.15	37	3.87	7.52	33	2.17	4.16	32.43
50 001~100 000 元	122	21.54	4.32	791	30.64	61.58	200	20.68	18.26	170	11.22	7.38	32.05
100 001~200 000 元	440	41.39	7.40	1 294	26.71	65.95	703	38.63	26.76	1 039	36.56	16.80	17.08
200 001~500 000 元	683	23.38	11.89	2 941	22.10	69.28	885	17.72	33.23	2 317	29.70	17.60	6.22
≥500 001 元	965	10.04	15.16	3 928	8.97	68.62	2 952	17.96	47.65	4 997	19.46	29.42	1.89
净资产分类变量													
≤0 元	0	0.00	0.00	99	0.22	11.04	45	0.26	5.07	26	0.09	1.14	1.78

续表

	国债利息			存款利息			储蓄性保险利息			其他财产性收入			家庭比例（%）
	均值（元）	价值占比（%）	拥有率（%）	均值（元）	价值占比（%）	拥有率（%）	均值（元）	价值占比（%）	拥有率（%）	均值（元）	价值占比（%）	拥有率（%）	
1~20 000 元	5	0.12	1.62	66	0.33	17.43	8	0.11	2.67	3	0.01	1.31	4.08
20 001~50 000 元	0	0.00	0.00	239	1.34	44.31	57	0.85	11.03	50	0.48	3.88	4.58
50 001~100 000 元	21	1.01	1.85	178	1.89	32.08	26	0.75	4.80	53	0.95	2.33	8.66
100 001~500 000 元	138	33.21	2.82	366	19.25	47.72	75	10.53	10.58	94	8.32	5.13	42.84
500 001~1 000 000 元	187	20.43	7.51	1 259	30.11	66.84	321	20.45	25.45	369	14.83	11.89	19.46
1 000 001~3 000 000 元	349	29.02	6.55	1 679	30.63	65.24	1 014	49.23	27.65	1 739	53.36	17.30	14.85
≥3 000 001 元	771	16.21	14.96	3 522	16.23	67.96	1 455	17.84	36.82	2 834	21.95	21.84	3.75
家庭总财富													
1~20 000 元	5	0.12	1.52	58	0.31	15.23	6	0.02	1.97	3	0.03	1.22	4.37
20 001~50 000 元	0	0.00	0.00	242	1.36	45.35	29	0.08	7.17	52	0.49	3.56	4.59
50 001~100 000 元	18	0.81	1.74	174	1.75	30.64	16	0.08	4.60	51	0.87	2.51	8.18
100 001~500 000 元	134	31.63	2.48	336	17.37	46.27	78	1.95	10.67	50	4.37	4.66	42.17
500 001~1 000 000 元	147	16.79	6.66	1 174	29.49	65.30	286	3.49	23.11	409	17.28	11.16	20.48
1 000 001~3 000 000 元	377	34.00	7.75	1 676	33.11	65.52	952	9.12	28.25	1 598	53.04	17.19	16.10
≥3 000 001 元	724	16.65	13.95	3 296	16.61	68.10	1 432	3.50	37.53	2 824	23.93	22.59	4.11

的家庭数目较多。赔钱的家庭数目与赚钱的家庭数目之比，反映了亏损家庭在该组家庭中的普遍程度，即亏损面的大小。如果把该组别的家庭看成一个整体，那么"均值"项数据告诉我们，该组别的家庭总体上投资股票是赚还是赔。如果净赚的均值大于净赔的均值，说明该组家庭总体上投资股票获得了收益；反之则反是。赔钱的均值超出赚钱的均值越多，说明亏损额度越大。关于基金的分析与此类似。

数据的统计结果显示，股票投资方面除户主年龄为25岁以下和25~34岁两个年龄段的家庭组别，赚钱的家庭数量多于赔钱的家庭数量；41~50岁组别赚钱的家庭数量与赔钱的家庭数目相当。从收入方面分析，除51岁以上的家庭组别购买股票总体赔钱外，其余的家庭组别总体上都是在赚钱。基金的情况与股票类似，除41岁以上的家庭组别外，在其他家庭组别中，购买基金赚钱的家庭数量都大于赔钱的家庭数量。从收入方面分析，总体上35~40岁、51~60岁两个年龄段的家庭购买基金都赔钱，换言之，这两个家庭组别购买基金，不仅未增加家庭收入，反而降低了收入；而其他组别的家庭购买基金有正向作用，即增加了家庭收入。

从国债利息、存款利息和储蓄性保险利息等三项来看，60岁以上的家庭组别国债利息拥有率最高，平均额度为1 123元；35~40岁的家庭组别在存款利息、储蓄性保险利息拥有率都达到最高，分别为56.07%和22.66%，均值分别为798元和322元；51~60岁的城市居民其他财产性收入的均值最高，平均额度为679元。

婚姻状况组

从受访者婚姻状况看，只有户主为未婚的家庭组别购买股票赚钱的家庭数目高于亏损的家庭数目。但从收入的角度看，以户主婚姻状态划分的每个家庭组别，只有未婚的家庭购买股票在赚钱；户主为"离异或丧偶"的家庭，购买股票的亏损面和亏损的额度都远大于其他两组家庭。再看基金方面的投资，则无论是从盈利额度还是从参与度上看，总体上三个家庭组别从购买基金的投资中获得了收入的增加。

户主为"已婚状态"的家庭组别在存款、储蓄性保险利息收入和其他财产性收入的拥有率上都是最高的，分别为54.06%、20.04%和11.66%，且"已婚状态"的家庭国债利息收入的均值最高，为199元。

受访者职业组

从职业的角度看，户主职业为"企业事业单位的管理人员"的家庭在股票投资中亏损面最小，获得正收益 1 030 元；户主职业为"政府机关、党群组织的负责人或中高级官员"的家庭在基金投资中亏损面最小，获得正收益 16 855 元；在户主为"个体户"的家庭中，购买基金和股票赚钱的家庭多于赔钱的家庭，且总体上该组别的家庭购买股票和基金获得了正的收益。

在国债利息、存款利息、储蓄性保险利息和其他财产性收入方面，户主为"政府机关、党政组织的负责人或中高级官员"的家庭拥有率都达到了最高，分别为：10.55%、83.66%、31.14% 和 15.89%。

受访者学历组

户主有博士学历、本科及大专学历的家庭，总体上购买股票和基金获得的收益较好；而户主学历为初中及以下的家庭组别，投资股票的亏损面和亏损额度都比较高，但投资基金获得了正收益；户主为硕士学历的家庭，投资股票赔钱的家庭数目多于赚钱的家庭数目，但从投资基金的角度看，该组别的家庭总体上是成功的。

从国债利息、存款利息和储蓄性保险利息等财产性收入来源方面看，户主为硕士、博士两个组别的家庭拥有率和获得的收入较高。

需要抚养的子女数和需要赡养的老人数组

无子女需要抚养的家庭占比达到 36.38%，这类家庭在股票和基金的投资上都是最成功的，总体上赚钱的家庭数目多于赔钱的家庭数目，并且获得正收益。

从需要赡养老人数划分的家庭组别看，赡养 2 位或 3 位老人的家庭，投资股票获得的收益较好。从购买基金的收益情况看，赡养 2 位老人或 4 位以上老人的家庭获得的收益较好。其他组别处于亏损的状态。

在国债利息、存款利息、储蓄性保险利息和其他财产性收入方面，需要抚养 1 个孩子的家庭的拥有率都是最高的；而以上四项收入与需要赡养的老人数之间的关系并不明显。

家庭总人口组

在以家庭总人口划分的各家庭组别中，四口之家或五口以上的家庭投资股票总体上是赚钱的。至于基金产品，则独身的家庭、四口或五口以上的家庭，在基金产品的投资上总体是赚钱的。

来自存款利息和储蓄性保险利息方面的收入，基本上是随着家庭人口的增加而增加。但国债利息与家庭人口之间的规律并不明显。

地理分布组

从地理分布看，西北地区购买股票赔钱的家庭多于赚钱的家庭；在华东地区和东北地区，购买股票的家庭基本持平；华北、华南、华中和西南地区则是持有股票挣钱的家庭多于赔钱的家庭。基金的情况相类似，也是西北地区的亏损面最大，华中、华东地区的亏损面较小。

在国债投资收入方面，华北地区和西北地区的家庭国债利息均值最高，分别为271元和238元，价值占比分别为16.45%和30.60%，均高于其对应的家庭比例。在存款利息方面，华北地区的家庭均值和拥有率最高，均值达到1 399元，拥有率为60.61%；华北地区和华东地区的家庭储蓄性保险利息均值和拥有率相对较高，均值分别为467元和340元，拥有率分别为21.38%和24.19%。

城市类型组

从城市类型的角度看，在所有的城市类型中，都是购买股票赔钱的家庭数目多于赚钱的家庭数目；但经济较发达的第二类城市，投资基金则是赚钱的家庭多于赔钱的家庭。

第一类城市的家庭国债利息收入均值最高，为290元，价值占比47.16%；第一类城市家庭的存款利息均值也是最高的，为1 351元，价值占比48.12%，其家庭比例为28.99%。同时，第一类城市在储蓄性保险利息、其他财产性收入方面，均值都达到最高，分别为515元和1 010元。

收入、净资产、家庭总财富组

统计数据显示，家庭投资股票和基金的盈亏与家庭的财富并没有明显的关系。但从收入的角度看，若家庭收入处在高端层次，即大于10万元的三个组别，基本上是收入越高的家庭组别，其投资股票和基金赚钱的现象越普遍。

同时，收入、净资产、家庭总财富水平较高的家庭组别，国债利息、存款利息、储蓄性保险利息也都较高。就国债利息项看，年收入为10万~20万元的家庭，其价值占比最高，达到41.39%，均值也到达440元；但均值最高的家庭是年收入在50万以上的家庭组，为965元，其价值占比为10.04%；净资产大于300万和总财富大于300万的家庭组，其国债利息均值最高，分别为771元和724元，其价值占比也分别高达16.21%和16.65%，远高于其对应的家庭比例。

就存款利息项来看，随着收入、净资产和家庭总财富水平的升高，存款利息均值也直线上升。但年收入在1万元以下的层级，存款利息均值反而较年收入在1万~2万元的层级的存款利息均值高，净资产小于0的家庭组别该项均值也高于净资产在1万~2万元的家庭，这种现象有待研究。储蓄性保险利息均值最高的家庭组是年收入大于50万元的家庭、净资产大于300万元的家庭和总财富大于300万元的家庭。

表 3-5 给出的是我国城市居民家庭转移性收入及个人缴纳的三险一金的人口分布特征。本报告把离退休金或养老金、单位缴纳的三险一金和其他收入归入转移性收入。其中，离退休金或养老金的均值为 5 221 元，拥有率为 34.67%；单位缴纳的三险一金均值为 4 911 元，拥有率为 50.38%。个人缴纳的三险一金均值为 2 961 元，拥有率为 49.39%。其他转移性收入部分，由于难以详尽描述，本报告不做具体分析。接下来，分组考察我国城市居民家庭转移性收入与个人三险一金的人口分布特征。

受访者年龄组

除户主为 50 岁以上年龄段的家庭外，随着年龄的增加，单位缴纳的三险一金均值都逐渐增大。单位缴纳的三险一金拥有率较高的家庭组别，其户主所处的三个年龄段介于 25~50 岁，拥有率在 50% 以上；而户主为其他年龄段的家庭单位缴纳的三险一金拥有率较低，尤其是户主年龄在 60 岁以上的家庭，只有 15.67%。个人缴纳的三险一金与单位缴纳的三险一金呈现类似的特点。

受访者婚姻状况组

户主为未婚人士、离异或丧偶人士的家庭，其个体缴纳的三险一金均值都明显低于户主为已婚的家庭。但户主为"离异或丧偶人士"的家庭，单位缴纳的三险一金的均值高于户主为已婚人士和未婚人士的家庭。

受访者职业组

户主退休的家庭离退休金或养老金的均值最高，为 16 224 元，拥有率在所有家庭组别中也最高，达到 77.73%。离退休金或养老金较高的家庭组别户主的职业是政府机关、党群组织的负责人或中高级官员，均值为 6 863 元。

单位缴纳的三险一金均值最高的家庭组别，其户主的职业是政府机关、党群组织的负责人或中高级官员，均值为 8 466 元。单位缴纳的三险一金和个人缴纳的三险一金拥有率最高的两个家庭组别，其户主的职业分别是企业事业单位的管理人员和政府或企业事业单位的普通员工。户主为企业事业单位的管理人员的家庭组别平均由个人缴纳的三险一金最多，为 4 718 元。

受访者学历组

调查发现，以户主学历分组的各家庭组别的离退休金或养老金的均值随户主学历的升高而升高，且户主为初中及以下学历的家庭组别离退休金或养老金均值最低，为 4 419 元，博士学历家庭组别的离退休金或养老金最高，达到 12 317 元。

单位缴纳的三险一金均值随户主学历的升高而升高，个人缴纳的三险一金的均值也表现出相同的规律。

表3-5 我国城市居民转移性收入及个人缴纳的三险一金的人口分布特征（2010年）

	离退休金或养老金			单位缴纳的三险一金			其他转移性收入			个人缴纳的三险一金			家庭比例（%）
	均值（元）	价值占比(%)	拥有率(%)	均值（元）	价值占比(%)	拥有率(%)	均值（元）	价值占比(%)	拥有率(%)	均值（元）	价值占比(%)	拥有率(%)	
所有家庭	5 221	100.00	34.67	4 911	100.00	50.38	715	100.00	11.24	2 961	100.00	49.39	
年龄分组													
25岁以下	1 796	3.15	27.65	3 097	5.78	41.63	1 772	22.69	12.55	1 406	4.35	35.20	9.16
25～34岁	3 783	27.01	29.55	4 799	36.42	57.84	768	40.02	12.77	3 142	39.54	55.38	37.27
35～40岁	3 345	11.10	23.87	5 504	19.41	56.41	851	20.60	10.84	3 344	19.56	53.75	17.32
41～50岁	5 901	23.07	34.77	7 199	29.92	52.34	399	11.38	9.65	3 813	26.28	53.56	20.41
51～60岁	10 129	19.83	59.20	3 024	6.29	36.31	173	2.47	8.10	2 344	8.09	41.43	10.22
60岁以上	14 730	15.85	68.31	1 907	2.18	15.67	361	2.83	11.83	1 147	2.18	19.55	5.62
婚姻状况													
未婚	3 209	14.01	29.64	3 889	18.06	51.16	1 140	36.43	12.46	2 398	18.46	46.64	22.80
已婚	5 951	82.48	35.93	4 881	71.93	50.84	602	61.11	10.87	3 208	78.40	51.52	72.36
其他（离异或丧偶）	3 785	3.51	39.61	10 151	10.01	39.84	363	2.46	11.09	1 922	3.14	30.53	4.84
受访者职业													
政府机关、党群组织的负责人或事业单位高级官员	6 863	3.56	39.88	8 466	4.67	59.22	740	2.81	18.22	4 615	4.22	62.28	2.71
企业事业单位的管理人员	5 577	14.40	36.90	6 527	17.92	67.92	721	13.64	15.09	4 718	21.51	63.89	13.50
政府或企业事业单位的普通员工	5 591	19.04	36.65	6 308	22.83	67.89	1 074	26.80	11.80	3 788	22.77	69.25	17.80

续表

	离退休金或养老金			单位缴纳的三险一金			其他转移性收入			个人缴纳的三险一金			家庭比例(%)
	均值(元)	价值占比(%)	拥有率(%)	均值(元)	价值占比(%)	拥有率(%)	均值(元)	价值占比(%)	拥有率(%)	均值(元)	价值占比(%)	拥有率(%)	
专业技术人员或其他专业人士	5 726	10.50	33.48	5 770	11.25	58.20	709	9.53	11.03	3 419	11.07	53.51	9.59
技术工人	2 504	5.96	28.18	6 143	15.54	55.40	249	4.35	6.10	1 958	8.23	51.72	12.44
个体户	2 111	6.70	18.33	2 246	7.58	26.59	787	18.29	11.39	1 368	7.67	27.99	16.59
自由职业者	2 818	2.49	21.87	2 804	2.63	35.43	1 546	9.99	9.21	2 156	3.36	33.82	4.61
其他职业	4 153	8.61	32.04	3 420	7.54	43.13	653	9.92	9.54	2 277	8.34	42.96	10.84
待业	1 995	1.16	31.48	2 779	1.71	42.40	355	1.51	10.50	1 369	1.40	35.47	3.03
退休	16 224	27.59	77.73	4 611	8.34	34.86	255	3.18	12.98	3 810	11.44	37.05	8.89
学历													
初中及以下	4 419	19.06	31.49	1 587	7.28	28.42	235	7.44	7.98	1 165	8.87	28.37	22.55
高中及中专	5 281	33.61	34.94	4 997	33.84	44.62	648	30.24	11.01	2 244	25.21	45.92	33.28
本科及大专	5 334	42.45	36.26	6 260	53.02	65.41	979	57.17	13.08	4 098	57.57	62.41	41.62
硕士	9 863	4.51	33.28	10 351	5.03	74.40	1 408	4.72	14.17	9 435	7.61	69.51	2.39
博士	12 317	0.38	40.68	25 042	0.82	88.15	1 911	0.43	13.99	13 831	0.75	84.75	0.16
需要抚养的子女数													
无	5 727	39.90	37.59	4 815	35.66	52.54	1 249	63.50	12.38	3 027	37.18	49.45	36.38
1 人	4 947	46.10	33.76	5 326	52.77	55.21	412	28.04	10.18	2 920	47.97	53.65	48.66

续表

	离退休金或养老金			单位缴纳的三险一金			其他转移性收入			个人缴纳的三险一金			家庭比例（%）
	均值（元）	价值占比（%）	拥有率（%）	均值（元）	价值占比（%）	拥有率（%）	均值（元）	价值占比（%）	拥有率（%）	均值（元）	价值占比（%）	拥有率（%）	
2人	3 848	8.66	28.48	4 613	11.04	32.12	431	7.08	12.67	3 414	13.54	37.43	11.75
3人以上	8 660	5.34	38.18	811	0.53	17.74	308	1.39	9.46	1 202	1.31	27.30	3.22
需要赡养的老人数													
无	6 640	35.85	42.00	5 319	30.54	43.56	245	9.65	9.82	3 101	29.54	45.80	28.19
1人	6 077	15.27	35.82	3 818	10.20	42.94	272	4.98	9.31	2 513	11.14	38.61	13.12
2人	3 952	24.56	31.06	4 657	30.78	53.56	1 361	61.73	13.35	2 604	28.55	49.76	32.45
3人	6 455	10.23	34.44	4 628	7.80	48.31	799	9.23	10.78	3 124	8.73	52.60	8.27
4人以上	4 093	14.09	28.89	5 650	20.68	61.92	574	14.41	11.30	3 632	22.05	60.98	17.97
家庭总人口													
1人	2 091	1.83	25.50	3 406	3.16	47.38	415	2.65	8.18	2 668	4.12	49.10	4.56
2人	9 496	19.57	47.09	7 640	16.70	51.29	467	7.02	9.35	2 851	10.36	49.92	10.74
3人	4 125	29.15	32.35	4 501	33.73	54.75	640	32.97	10.15	3 113	38.80	53.24	36.82
4人	4 879	28.98	34.56	4 580	28.85	43.32	958	41.45	13.24	2 982	31.23	43.61	30.95
5人以上	6 306	20.47	34.68	5 098	17.56	54.29	673	15.91	12.06	2 705	15.49	51.86	16.92
地理分布													
东北地区	4 359	8.25	29.13	3 138	6.31	39.96	301	4.16	4.42	2 492	8.31	39.49	9.88
华北地区	5 890	12.21	29.80	6 009	13.24	51.31	1 546	23.38	6.30	4 191	15.31	51.34	10.82
华东地区	6 225	30.93	34.30	6 984	36.89	58.88	805	29.19	12.01	3 787	33.17	56.91	25.94

续表

	离退休金或养老金			单位缴纳的三险一金			其他转移性收入			个人缴纳的三险一金			家庭比例（%）
	均值（元）	价值占比（%）	拥有率（%）	均值（元）	价值占比（%）	拥有率（%）	均值（元）	价值占比（%）	拥有率（%）	均值（元）	价值占比（%）	拥有率（%）	
华南地区	4 895	8.78	29.10	4 308	8.22	49.72	684	8.96	11.30	2 983	9.44	49.34	9.37
华中地区	3 071	5.82	35.10	2 796	5.63	46.13	464	6.42	10.52	2 086	6.97	47.90	9.89
西北地区	4 915	21.56	34.63	3 818	17.81	34.25	615	19.70	8.26	1 844	14.26	32.73	22.90
西南地区	5 808	12.45	33.69	5 219	11.89	64.47	524	8.19	5.49	3 315	12.53	62.34	11.19
城市类型													
第一类城市	7 707	42.79	38.87	7 241	42.75	59.97	1 291	52.34	9.89	5 051	49.46	61.47	28.99
第二类城市	5 550	14.52	33.99	5 101	14.19	58.10	442	8.44	6.88	2 857	13.18	59.24	13.66
第三类城市	3 886	42.68	29.62	3 688	43.06	41.38	489	39.22	8.77	1 929	37.36	38.61	57.34
收入划分变量													
1～10 000元	609	0.33	27.49	296	0.17	13.84	296	1.16	7.31	354	0.34	15.47	2.86
10 001～20 000元	815	1.15	22.96	434	0.65	20.03	86	0.88	5.05	608	1.51	23.81	7.46
20 001～50 000元	2 699	16.55	26.54	1 178	7.66	39.98	184	8.20	6.71	1 121	12.11	38.54	32.43
50 001～100 000元	4 337	26.29	34.45	3 200	20.58	53.77	303	13.34	7.22	2 283	24.39	54.41	32.05
100 001～200 000元	7 995	25.82	41.86	8 000	27.42	66.92	1 127	26.43	13.77	4 393	25.01	64.14	17.08
200 001～500 000元	15 823	18.61	48.16	25 869	32.29	76.16	2 314	19.77	14.65	12 177	25.25	69.38	6.22
≥500 001元	31 457	11.24	48.38	29 575	11.22	76.57	11 637	30.21	24.80	18 066	11.38	62.37	1.89
净资产分类变量													
≤0元	3 180	1.08	30.78	2 932	1.06	36.96	164	0.41	0.73	2 226	1.34	38.33	1.78

续表

	离退休金或养老金			单位缴纳的三险一金			其他转移性收入			个人缴纳的三险一金			家庭比例(%)
	均值(元)	价值占比(%)	拥有率(%)	均值(元)	价值占比(%)	拥有率(%)	均值(元)	价值占比(%)	拥有率(%)	均值(元)	价值占比(%)	拥有率(%)	
1~20 000元	687	0.54	20.27	706	0.59	30.33	44	0.25	1.41	415	0.57	21.22	4.08
20 001~50 000元	661	0.58	13.97	1 123	1.05	37.32	277	1.77	8.60	1 107	1.71	38.57	4.58
50 001~100 000元	2 441	4.05	30.95	1 732	3.05	34.84	227	2.75	4.77	1 521	4.45	37.14	8.66
100 001~500 000元	4 166	34.18	30.28	3 297	28.76	43.53	382	22.88	7.58	1 749	25.30	42.09	42.84
500 001~1 000 000元	6 453	24.05	40.21	6 613	26.21	61.79	584	15.89	11.34	4 302	28.27	61.35	19.46
1 000 001~3 000 000元	8 480	24.12	37.92	8 941	27.04	62.73	1 302	27.04	12.87	5 029	25.22	63.00	14.85
≥3 000 001元	15 865	11.40	47.35	16 033	12.24	65.32	5 536	29.02	15.93	10 378	13.14	58.68	3.75
家庭总财富													
1~20 000元	512	0.43	13.57	1 240	1.10	23.92	41	0.25	1.32	1 037	1.53	24.01	4.37
20 001~50 000元	672	0.59	15.26	1 136	1.06	41.08	274	1.76	8.46	1 139	1.76	40.07	4.59
50 001~100 000元	2 672	4.18	31.68	1 720	2.86	38.45	217	2.48	4.88	1 396	3.85	35.80	8.18
100 001~500 000元	4 266	34.39	31.24	3 086	26.45	42.11	391	23.01	7.32	1 624	23.08	40.92	42.17
500 001~1 000 000元	5 949	23.29	38.34	6 397	26.63	60.13	501	14.31	10.36	3 958	27.33	60.26	20.48
1 000 001~3 000 000元	8 043	24.76	38.21	8 868	29.02	64.09	1 200	26.96	12.94	5 217	28.31	63.96	16.10
≥3 000 001元	15 723	12.36	46.13	15 407	12.87	64.93	5 448	31.24	17.42	10 204	14.14	58.92	4.11

需要抚养的子女数、需要赡养的老人数组

从整体来看，个人缴纳的三险一金的均值与家庭需要抚养的子女数、赡养老人数的增加没有呈现出明显的变化规律。无子女需抚养的居民家庭组别的离退休金或养老金均值为 5 727 元，价值占比为 39.90%。有 1 个子女需要抚养的居民家庭单位缴纳和个人缴纳三险一金的价值占比都最高，分别为 52.77% 和 47.97%。有 4 位及以上老人需要赡养的家庭组别平均获得的单位缴纳三险一金最多，为 5 650 元，高于总体平均水平。

家庭总人口组

两口之家的家庭组别的离退休金或养老金的均值最高，为 9 496 元，远高于整体水平（5 221 元），其拥有率也最高，为 47.09%。家庭人口总数为 1 人的组别，离退休金或养老金均值最低，仅为 2 091 元。单位缴纳三险一金均值最高的两口之家的家庭组别，为 7 640 元；个人缴纳三险一金均值最高的是三口之家的家庭组别，为 3 113 元。

地理分布组

华东地区的家庭平均的离退休金或养老金水平最高，均值为 6 225 元，拥有率为 34.30%。其次是华北地区，均值为 5 890 元，拥有率为 29.80%。最低的是华中地区，均值仅为 3 071 元。

单位缴纳三险一金均值最高的是华东地区和华北地区的两个家庭组别，均值分别为 6 984 元和 6 009 元，拥有率分别为 58.88% 和 51.31%。最低的是华中地区，均值仅为 2 796 元，拥有率为 46.13%。

个人缴纳三险一金均值最高的是华北地区的家庭，为 4 191 元，拥有率也高达 51.34%，华东地区仅次其后。最低的是西北地区和华中地区，分别为 1 844 元和 2 086 元，拥有率也仅有 32.73% 和 47.90%。

城市类型组

在离退休金或养老金、单位缴纳三险一金和个人缴纳三险一金这三项中，均值最高的都是居住在第一类城市的家庭，最低的都是居住在第三类城市的家庭。拥有率也类似。并且第一类城市家庭的均值明显高于其他类型的城市：离退休金或养老金均值为 7 707 元，单位缴纳的三险一金均值为 7 241 元，个人缴纳的三险一金均值为 5 051 元。

收入、净资产、家庭总财富组

从整体上讲，随着收入水平的提高，离退休金或养老金、单位和个人缴纳的

三险一金都有所增加,且增加幅度较大。局部来看,收入在 5 万~10 万元的家庭,离退休金或养老金均值仅为 4 337 元,仅处于中间水平。收入在 20 万~50 万元及收入在 50 万元以上之间的家庭组别,单位缴纳的三险一金均值分别为 25 869 元和 29 575 元,个人缴纳的三险一金均值分别为 12 177 元和 18 066 元,都远高于整体水平(4 911 元和 2 961 元)。

离退休金或养老金、单位和个人缴纳的三险一金随净资产和家庭总财富的变化趋势也与以上情形比较类似。但净资产小于 0 元的居民,其离退休金或养老金、单位及个人缴纳的三险一金均值反而不是最低的,分别为 3 180 元、2 932 元和 2 226 元,但这部分家庭的样本总量偏小。

3.2　家庭支出

表 3-2 反映的是我国城市家庭支出状况,可以清晰地看到各项支出的均值和所占支出的比例。

其中占比例最大的是饮食支出,占 31.03%,均值为 17 539 元。其次是衣着费用,均值为 6 175 元,占比 10.92%;其后是居住和文化娱乐及应酬费用,均值分别为 4 453 元和 4 217 元,占比 7.88% 和 7.46%;自付医疗及保健费用占比 3.69%;非储蓄性保险产品的支出占 1.54%;占比最低的是公益捐助等,所占比例为 1.49%。

第4章

我国城市家庭消费金融意识与行为

本章将对我国城市家庭在家庭理财、家庭储蓄行为、个人信用卡、家庭融资行为及意识、房产、汽车及大件消费、教育、退休及保险、遗产规划等方面的意识和消费行为进行详细报告。

✱4.1 家庭理财

从图4-1-1可以看出，我国城市家庭的理财意识大体上随着家庭收入的增长而提高。对于高收入家庭，其对财富保值增值的需求相应较高。这也是目前我国很多国有商业银行、股份制商业银行将目标客户定位于较高收入家庭的原因，这部分家庭无论是金融产品的消费能力（详见第2章）还是消费意识都明显高于收入较低的家庭。

图4-1-2显示的是我国城市家庭对目前各种理财方式及信息是否关注的家庭总财富特征的分布。从不关注的比例来看，最低收入家庭的不关注比例为49%，最高收入家庭的不关注比例为24%，相差悬殊。这与图4-1-1的结果一致，表明家庭财富越高，越关注理财方式及信息，因为他们有较高的理财需求。另外，总财富在50万元以下的家庭，对于理财方式和信息的不关注度都比较高。这说明，在我国理财观念仍然没有深入到普通的中国城市居民家庭。

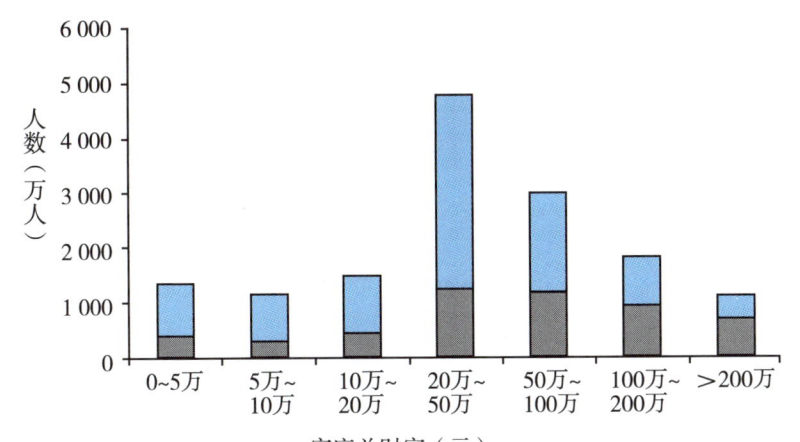

	0~5万	5万~10万	10万~20万	20万~50万	50万~100万	100万~200万	>200万
是	27.68	26.61	29.20	26.07	39.86	50.98	62.78
否	72.32	73.39	70.80	73.93	60.14	49.02	37.22

图 4-1-1 我国城市家庭理财意识（%）

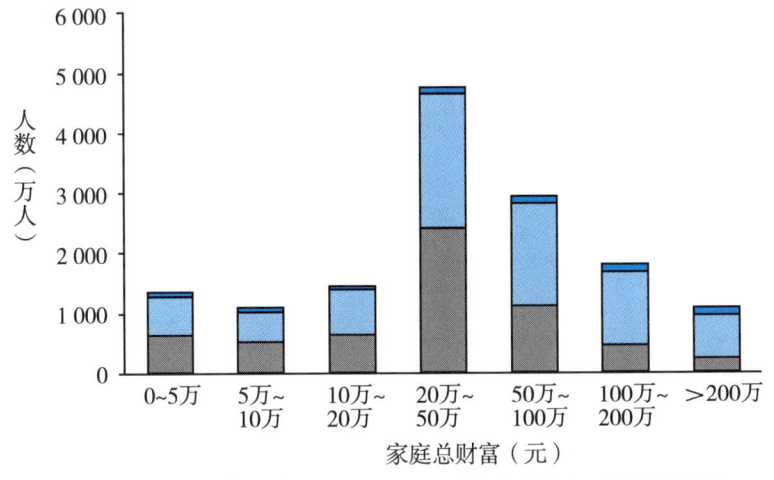

	0~5万	5万~10万	10万~20万	20万~50万	50万~100万	100万~200万	>200万
不关注	49	49	45	51	38	27	24
比较关注	46	43	50	47	57	66	65
非常关注	5	8	5	3	5	7	12

图 4-1-2 我国城市家庭对各种理财方式及信息的关注度（%）

图 4-1-3 显示的是我国城市家庭理财目的的分布。从图中可以看出，实现财富最大化（占 53.65%）和提高生活水平（占 37.46%）是我国城市家庭理财的主要目的；而退休养老、为子女储备财产等其他目的仅占总比例的 8.89%。随着家庭财富的逐渐增多，财富的保值增值成为家庭理财的最主要目的。

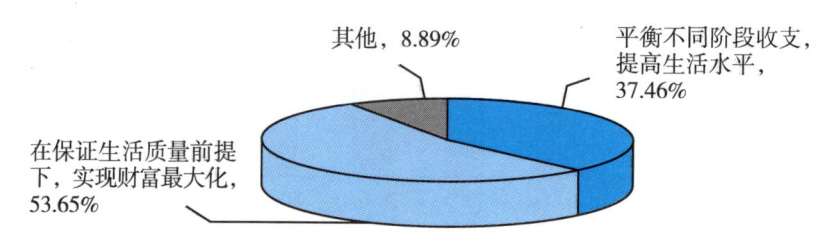

图 4-1-3 我国城市家庭理财的主要目的

图 4-1-4 展示的是我国城市家庭获取理财信息的主要途径。其中从亲戚、朋友、同事处获得信息的比例最大（22.96%）。我国城市家庭从媒体、互联网等方面获得信息的比例也较大，如从电视、电台广告中获得信息的占 22.25%，从报纸、杂志等宣传材料获得信息的占 18.41%，从互联网获得信息的占 16.77%。另外，有 4.68% 的城市家庭会依据以往的经验和个人调研获得理财信息。然而从专业机构和咨询途径获得理财信息的比例较小，仅为 13.41%。

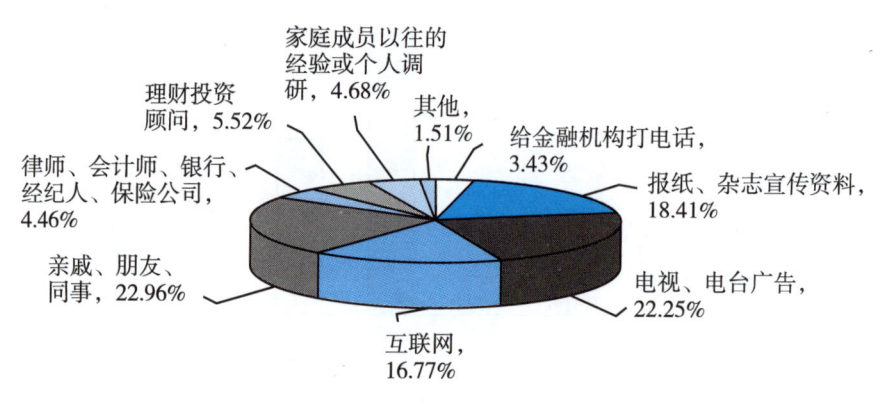

图 4-1-4 我国城市家庭获取理财信息的主要途径

图 4-1-5 是我国城市家庭最需要的理财培训指导分布图。从图中可以看出，34.02% 的家庭对理财培训不感兴趣，部分地说明我国城市家庭的理财意识仍然比较淡薄。26.34% 的家庭需要家庭理财规划的培训，18.06% 的家庭需要理财产品信息的培训，20.10% 的家庭需要基础金融知识的培训。这说明我国城市家庭的理财能力和基本的信息、知识水平有待提高，并且金融机构在理财产品的

宣传方面有改进的空间。

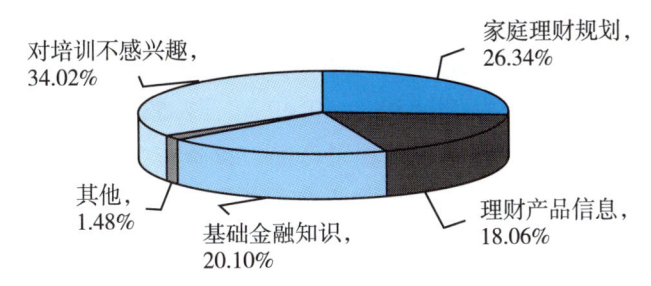

图 4-1-5　我国城市家庭最需要的理财培训指导

图 4-1-6 描述的是我国城市家庭对理财培训方式的偏好。从图中可以看到，愿意接受专业金融机构组织培训的比例达到 34.96%，愿意通过媒体和个人理财栏目获得培训的比例为 23.64%。另外，支持单位组织培训的比例为 22.06%，支持社区组织培训的形式的比例为 17.90%。

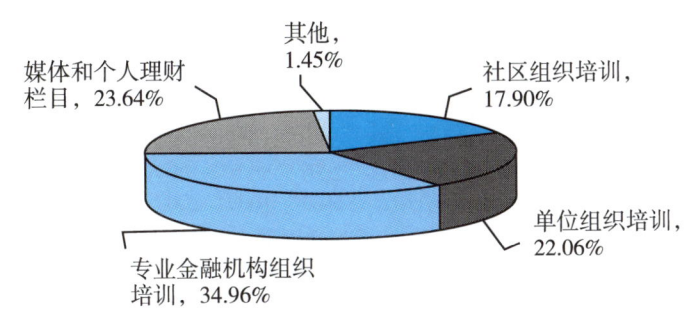

图 4-1-6　我国城市家庭理财培训方式的偏好

表 4-1 给出了受访者对"家庭理财规划为今后多少年打算？"回答的统计结果。我们按照受访者（注：受访者为家庭理财的主要决策者）年龄将样本划分为 6 组，给出了每组的规划年数的均值和标准差。从表中的结果可以看出，中年人（35~40 岁）在理财时为将来做打算的年限更长（均值为 13.044 年）。统计发现：在各年龄组中，理财规划年限的中位数都为 10 年。这个结果或许表明消费的生命周期理论并不符合我国的实际。

表 4-1　我国城市家庭理财规划年限（年）

年龄（岁）	<25	25~34	35~40	41~50	51~60	>60
均值	11.88	11.97	13.044	12.0339	11.8354	11.136
标准差	11.294	10.189	10.10163	8.52724	8.50295	7.4248

图4-1-7列示了我国城市家庭在做理财决策时，对理财产品、投资方案等是否进行比较的情况。可以看出，家庭总财富水平比较低的4个级别的家庭（总财富小于50万元），在做理财时几乎不比较理财产品和投资方案的现象最为普遍，所占的比例分别为38.55%、40.40%、37.53%和38.22%。家庭总财富在50万~200万元的家庭，对理财产品、投资方案等稍做比较的比例最大，分别为40.98%和37.58%；而收入在200万元以上的家庭，在投资决策时，28.48%的家庭会做中度比较，25.05%的家庭会做较多比较。总的来看，多数家庭在投资决策时，都需要比较不同的理财产品和投资方案，但这种比较行为的力度并大。

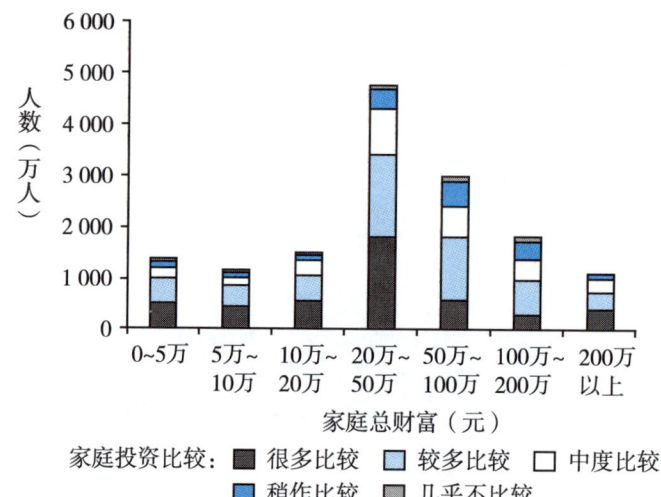

	0~5万	5万~10万	10万~20万	20万~50万	50万~100万	100万~200万	>200万
几乎不比较	38.55	40.40	37.53	38.22	19.62	16.42	10.41
稍作比较	34.96	36.44	33.36	33.72	40.98	37.58	28.07
中度比较	15.06	13.81	17.98	18.11	20.05	21.61	28.48
较多比较	9.62	8.40	8.01	8.09	16.00	18.66	25.05
很多比较	1.81	0.96	3.13	1.87	3.34	5.74	8.00

图4-1-7 我国城市家庭做理财决策时进行的比较（%）

图4-1-8描述的是受访者对未来一年的家庭收入的预期。按照2010年家庭税后总收入将样本划分为7组。由图可知，从总体来看，预计未来一年收入保持不变和小幅增长的家庭比例比较大，且收入低的家庭预计未来一年收入保持不变的比率较大，收入高的家庭预计未来一年收入小幅增长的比率较大。

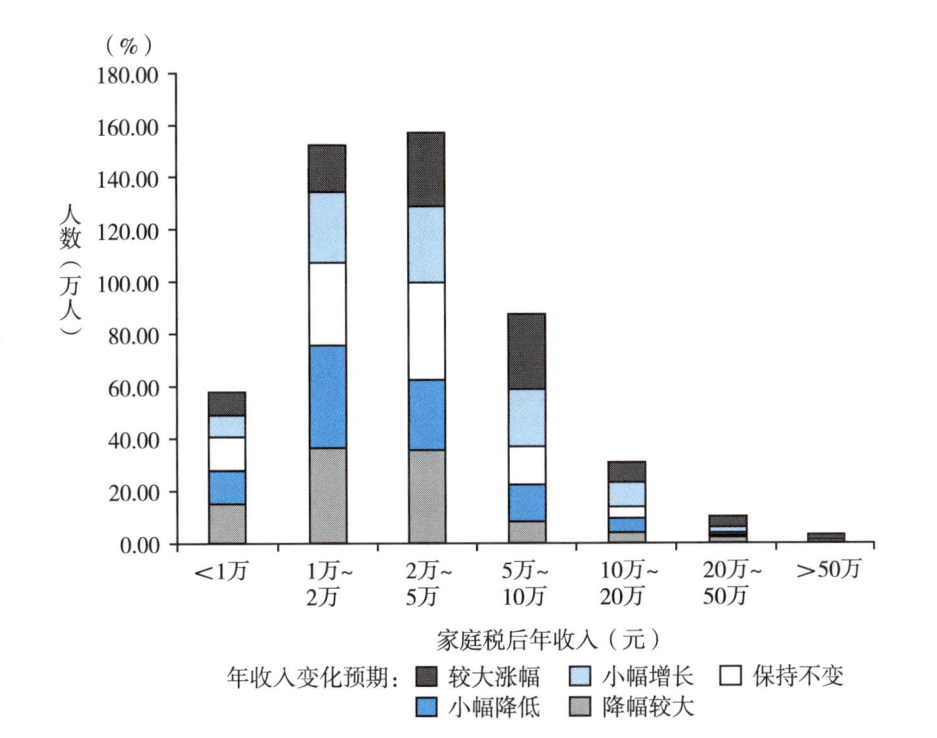

	<1万	1万~2万	2万~5万	5万~10万	10万~20万	20万~50万	>50万
降幅较大	3.67	3.22	2.93	1.19	1.35	3.05	0.00
小幅降低	10.43	11.62	7.36	6.87	6.87	3.99	0.00
保持不变	44.93	39.64	42.53	28.42	21.48	13.81	13.37
小幅增长	35.47	41.60	41.36	53.31	62.73	64.05	47.21
较大涨幅	5.51	3.92	5.83	10.21	7.57	15.10	39.42

图 4-1-8 对未来一年家庭收入的预期（%）

4.2 家庭储蓄

图 4-2-1 显示了我国城市家庭总体储蓄状况。随着家庭总财富的增加，拥有稳定储蓄的家庭所占比例也增加，从家庭财富最低层次（0~5万）的 36.79% 增加到家庭财富最高层次（>200万）的 86.22%。

图 4-2-2 显示了我国城市家庭储蓄的主要动机。其中占比前三项的分别是应付突发事件和医疗支出（23.52%）、为子女教育储蓄（22.12%）和为养老储蓄（19.35%）；其次是安全保值，占 13.24%；购房、汽车等的储蓄动机所占比例相对较小，其中购房和装修占 9.93%，购买汽车和大件占 6.55%。

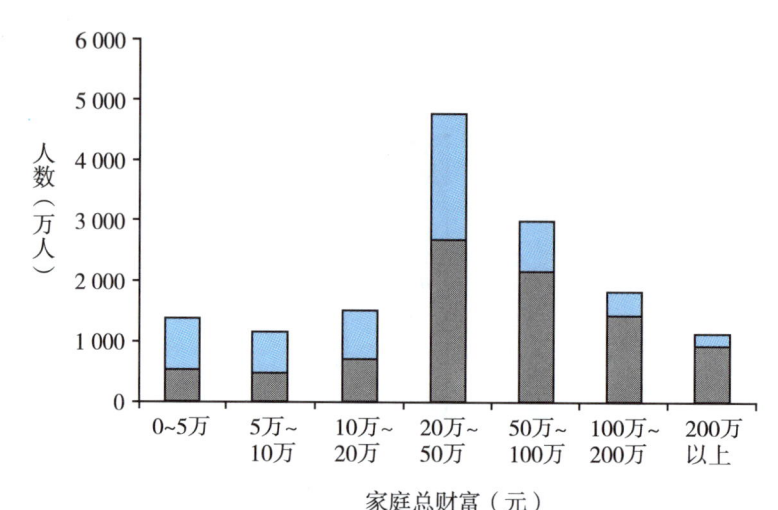

	0～5万	5万～10万	10万～20万	20万～50万	50万～100万	100万～200万	>200万
是(%)	36.79	40.09	46.11	56.17	71.85	78.42	82.66
否(%)	63.21	59.91	53.89	43.83	28.15	21.58	17.34

图 4-2-1 我国城市家庭总体储蓄状况

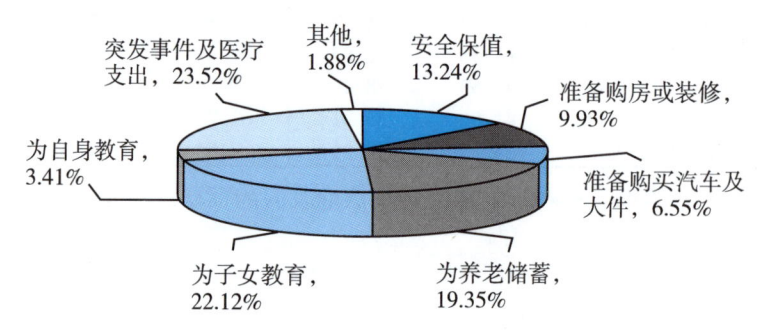

图 4-2-2 我国城市家庭储蓄的主要动机

图 4-2-3 显示了我国城市家庭在选择储蓄银行时所考虑的因素。其中考虑最多的两个因素分别为工资发放银行（26.74%）和网点数量及地理位置（24.46%）。排在其后考虑的因素是业务办理效率和服务态度（16.72%）。相比之下，城市家庭在选择储蓄银行时考虑存款利率（18.68%）和服务费用优惠（11.42%）等因素较少。

从图 4-2-4 中可以看出，在考虑了通货膨胀因素后，大部分家庭（60% 以上）认为 2010 年的储蓄利率太低或较低，但程度略有不同。家庭总财富水平较

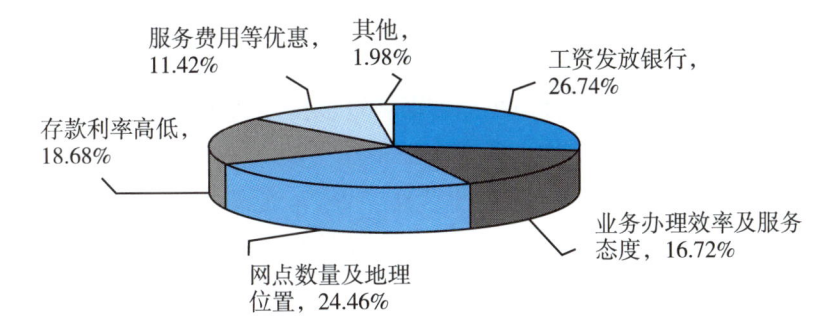

图 4-2-3 我国城市家庭选择储蓄银行所考虑的因素

低的消费者更倾向于认为 2010 年储蓄利率太低，家庭总财富水平较高的消费者则更倾向于认为 2010 年储蓄率较低。

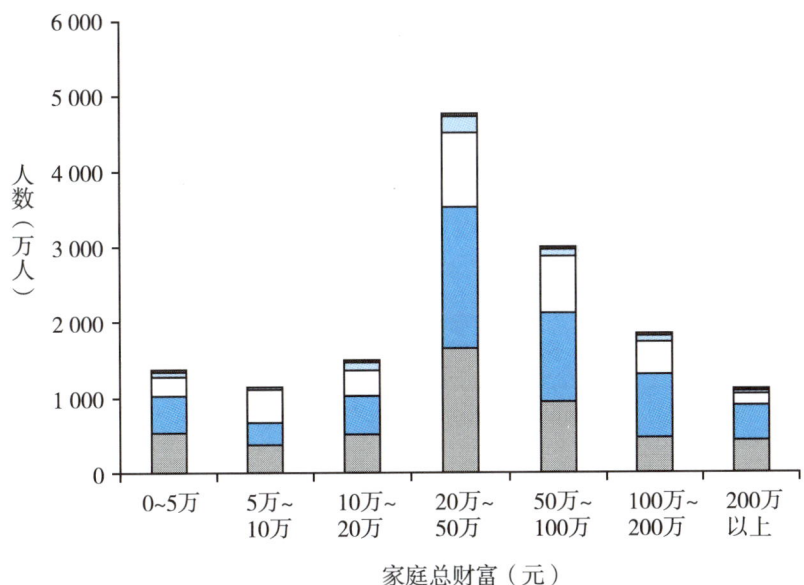

	0~5万	5万~10万	10万~20万	20万~50万	50万~100万	100万~200万	>200万
太低	41.10	34.78	34.72	34.59	31.67	26.31	40.24
较低	34.04	25.50	32.66	39.31	39.36	44.87	40.70
正常	19.28	37.64	22.92	20.55	24.23	23.61	14.29
偏高	4.54	2.07	7.86	5.11	3.70	4.92	3.59
较高	1.04	0.00	1.84	0.45	1.03	0.29	1.19

图 4-2-4 我国城市家庭对储蓄利率的评价（%）

图4-2-5描述的是我国城市家庭在面对更多投资机会时，对分流储蓄存款的反应状况。从图中可以看出，大部分的家庭给出了肯定的回答，即如果有更多的投资机会，他们会选择减少储蓄而将资金投入到新的投资机会中。除给出肯定回答的家庭外，对于处于资产水平中端（10万~50万元）的家庭，在回答"否"和"不确定"时更偏向于选择"否"，这表明他们不倾向于承担投资的风险；而对于家庭资产水平最高的两个等级的家庭，他们在这两者中较倾向于选择"不确定"。

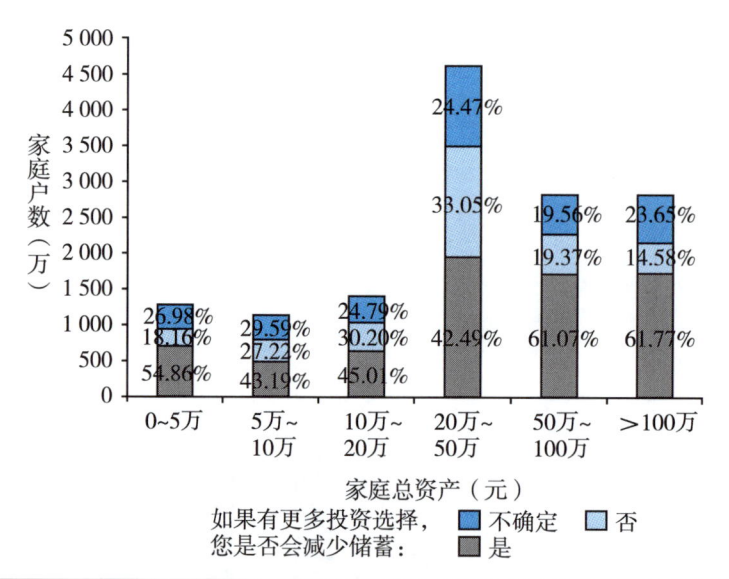

	0~5万	5万~10万	10万~20万	20万~50万	50万~100万	>100万
是	54.86	43.19	45.01	42.49	61.07	61.77
否	18.16	27.22	30.20	33.05	19.37	14.58
不确定	26.98	29.59	24.79	24.47	19.56	23.65

图4-2-5 我国城市家庭面对更多投资选择时的储蓄倾向（%）

图4-2-6给出了我国城市家庭储蓄占总支出的比率。从图中可以看出，随着家庭财富的增加，其储蓄占支出的比率也随之增大。零储蓄的比率明显随家庭财富的增加而降低，从家庭财富水平最低层次的34.24%，降至家庭财富水平最高层次的5.52%。从总体来看，我国城市家庭的储蓄占支出的比率集中在30%以下。

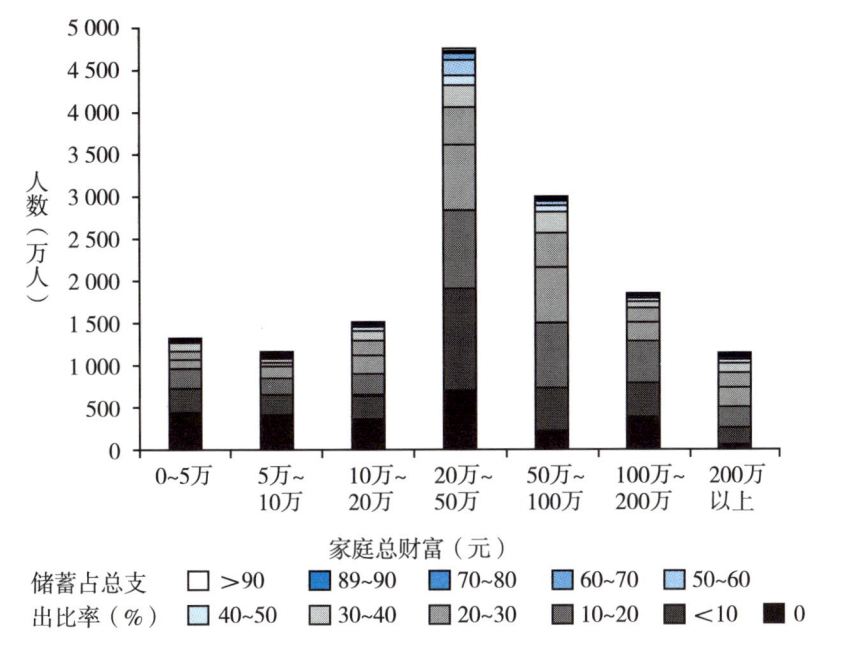

支出比重	家庭总财富（万元）						
（%）	0～5万	5万～10	10万～20	20万～50	50万～100	100万～200	>200
0	34.24	35.96	25.72	15.14	7.54	5.21	5.52
<10	21.23	22.20	17.94	25.14	17.37	16.43	18.27
10～20	16.63	17.77	17.77	19.88	25.50	21.77	20.92
20～30	8.86	11.76	14.75	16.28	22.24	27.44	22.21
30～40	8.33	4.39	11.90	9.36	13.92	13.03	14.97
40～50	7.35	3.47	7.48	5.70	8.13	9.34	10.26
50～60	1.07	0.68	2.96	2.50	2.67	3.69	4.40
60～70	0.94	0.91	0.55	3.73	1.37	2.18	1.95
70～80	0.41	0.33	0.85	2.13	1.13	0.82	1.28
80～90	0.22	0.00	0.07	0.06	0.11	0.10	0.20
>90	0.72	2.53	0.00	0.09	0.02	0.00	0.00

图 4-2-6 我国城市家庭储蓄占总支出比重

表4-2描述了我国城市家庭对不同期限的储蓄方式的选择情况。按照被访者年龄分组，就户主的各年龄层对家庭的存款期限分布情况进行统计。表格中的数据表示的是该年龄层的消费者该种期限的存款（含储蓄性保险）所占百分比。以户主年龄为25岁以下的家庭组别为例，与活期存款对应的统计数据表明：该组家庭平均把存款的59.30%放入活期存款账户。从统计结果来看，活期存款的比例最高，平均值都在50%左右；除60岁以上组，随着年龄的增长，活期存款的比例有下降的趋势。就存款种类而言，比例次高的是一年期存款，该种期限存款的比例均值在14.24%~17.60%，并且随着年龄的增长，一年期存款比例有上升的趋势；存款比例列第三的是三年期存款，均值在4.37%~6.29%。三个月存款的比例最低，次低的是半年期存款和五年以上存款。换句话说，在存款时，选择活期存款、一年期和三年期存款的家庭较多。

表4-2　我国城市家庭对不同期限的储蓄的选择情况（%）

	活期	三个月	半年期	一年期	二年期	三年期	五年期	五年以上
25岁以下	59.30	1.47	2.11	14.85	4.08	4.70	2.07	1.64
25~34岁	55.16	2.26	2.41	16.45	4.18	4.86	2.79	3.86
35~40岁	47.60	1.24	1.78	16.55	3.71	5.26	3.84	4.76
41~50岁	43.62	1.67	2.92	17.60	4.62	5.94	3.88	3.24
51~60岁	41.04	1.52	3.18	15.41	5.19	4.37	2.98	3.07
60岁以上	51.92	2.10	2.40	14.25	1.19	6.29	1.97	0.40

4.3　个人信用卡

图4-3-1给出了我国居民是否办理过信用卡的分布。从图中可以看出，随着家庭总财富水平的上升，成功申请信用卡的比例上升，没有申请过信用卡的比例下降。然而从整体水平来看，我国城市家庭办理信用卡的比率并不高，有50%以上的消费者是没有申请过信用卡的。

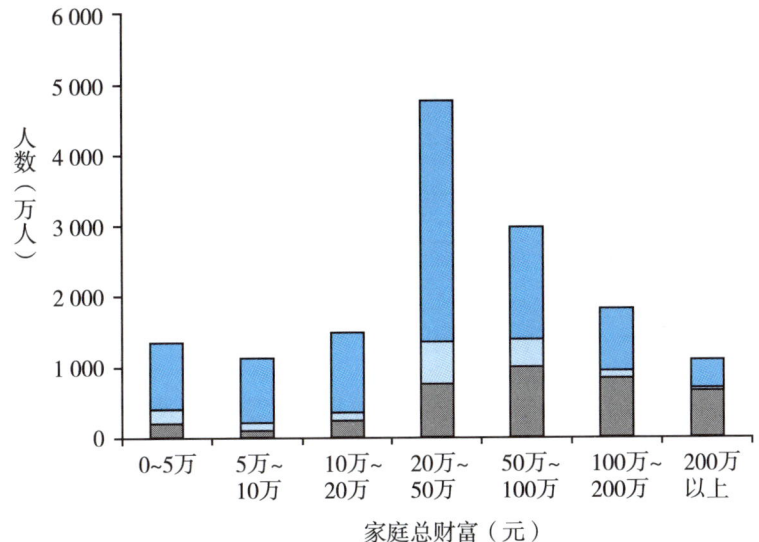

	0~5万	5万~10万	10万~20万	20万~50万	50万~100万	100万~200万	>200万
申请且成功	16.80	11.75	17.23	16.28	33.82	46.75	62.05
申请但未成功	12.26	8.10	7.67	12.08	12.83	4.83	2.48
没有申请过	70.94	80.14	75.11	71.64	53.34	48.42	35.47

图 4-3-1　我国居民基于收入是否申请过信用卡的分布（%）

图 4-3-2 给出了我国居民注销、更换信用卡的情况。在持有信用卡的人群中，曾注销信用卡，然后再去申请其他银行信用卡的消费者比例为 19.48%。

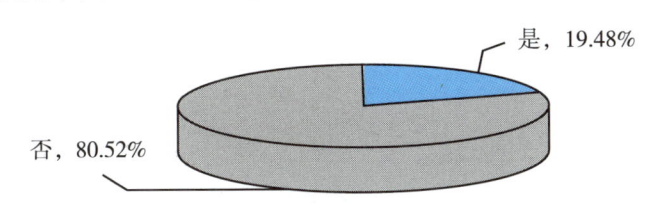

图 4-3-2　居民注销、更换信用卡的情况

如表 4-3 所示，我国使用信用卡的居民月还款额的平均值为 625.26 元，标准差为 5 702.80 元。

如表 4-4 所示，在使用信用卡的消费者中，每年使用信用卡次数的平均值为 60.76 次，标准差为 429.84 次。

表 4-3　　　　　使用信用卡的居民平均月还款额（元）

均值	标准差
625.26	5 702.80

表 4-4　　　　使用信用卡的居民每年使用信用卡的平均次数

均值	标准差
60.76 次	429.84 次

图 4-3-3 给出了我国居民对信用卡分期付款功能的使用情况。由图可知，大部分居民没有使用过信用卡分期付款功能，这一比例为 62.58%；经常使用信用卡分期付款功能的消费者比例仅为 2.83%。

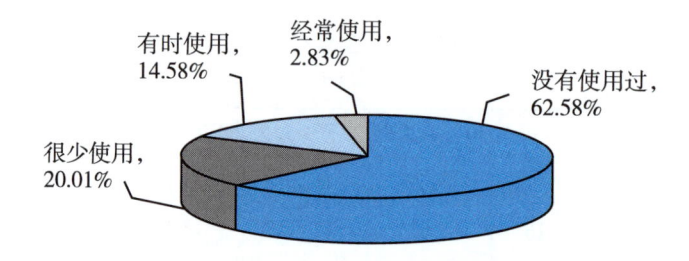

图 4-3-3　我国居民对信用卡分期付款功能的使用情况

图 4-3-4 描述了我国城市居民办理信用卡的用途。有 57.31% 的人办理信用卡仅限于消费时支付方便；另外 38.71% 的人除利用信用卡进行消费外，还利用信用卡弥补短期资金不足；仅有 3.98% 的居民办理信用卡是用于非消费用途，其目的是短期拆借资金。

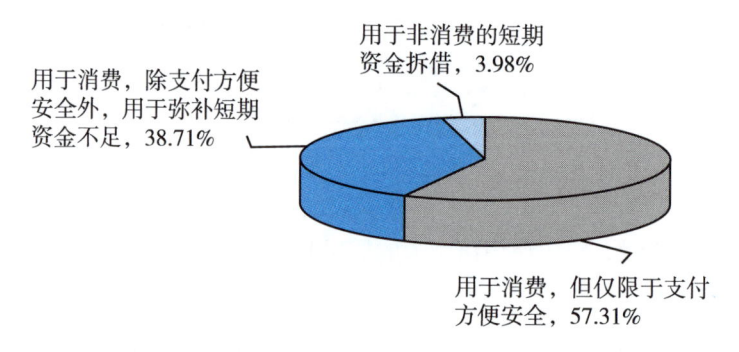

图 4-3-4　我国居民办理信用卡的用途

图 4-3-5 描述的是我国居民对信用卡额度的评价。可以看出，大部分受访者认为其信用卡额度是合适的；除家庭总资产水平为 10 万~20 万元的家庭外，其他层次的持卡人认为信用卡额度不合适，大部分持卡人认为信用卡额度略低。而对于家庭总资产水平最低的持卡人，回答信用卡额度过低和略低的比例相差不大。

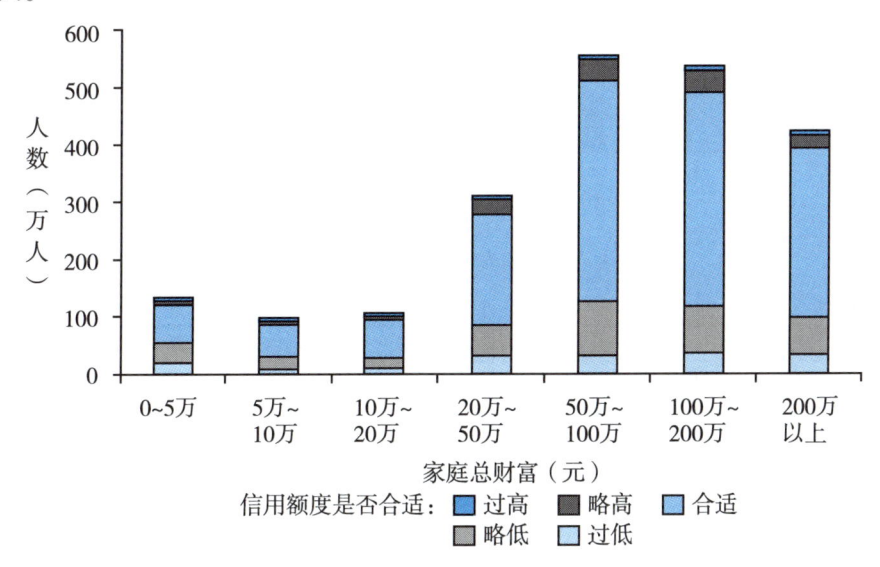

	0~5万	5万~10万	10万~20万	20万~50万	50万~100万	100万~200万	200万以上
过低	13.25	6.91	13.32	8.44	8.66	4.90	6.05
略低	16.86	17.73	8.59	19.05	12.95	13.52	16.04
合适	62.62	69.64	73.83	64.14	69.45	70.29	69.70
略高	3.72	4.32	2.98	8.05	7.99	8.39	6.22
过高	3.55	1.40	1.28	0.31	0.95	2.90	2.00

图 4-3-5 我国居民对信用卡信用额度的评价（%）

图 4-3-6 给出的是我国居民在使用信用卡时延期偿还的情况。从图中可以看出，在我国，持有信用卡的居民在还款方面很谨慎，大部分持有信用卡的消费者都没有延期还款的经历，这一比例在 68% 以上。

图 4-3-7 描述了我国居民信用卡的主要还款方式。表中数据反映的是按家庭总财富划分的每组家庭，采用不同还款方式的持卡人的比例。由图可知，除处于资产水平最低级别的家庭组外，其他组别随着家庭财富的上升，对于自动转账还款方式的倾向程度越来越高。

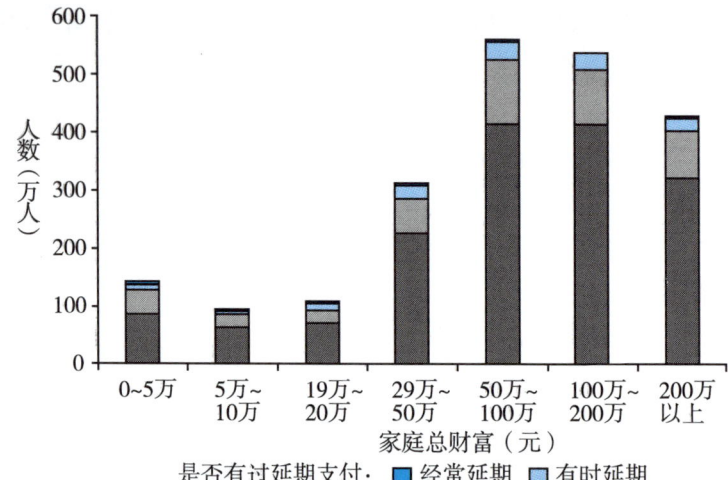

	0~5万	5万~10万	10万~20万	20万~50万	50万~100万	100万~200万	200万以上
没有延期	68.91	70.81	71.08	75.27	69.77	81.42	76.04
很少延期	22.32	24.67	22.99	18.81	24.14	14.57	19.20
有时延期	8.24	3.36	5.46	5.16	5.93	4.01	4.38
经常延期	0.53	1.15	0.48	0.76	0.17	0.00	0.37

图4-3-6 我国居民信用卡欠款情况（%）

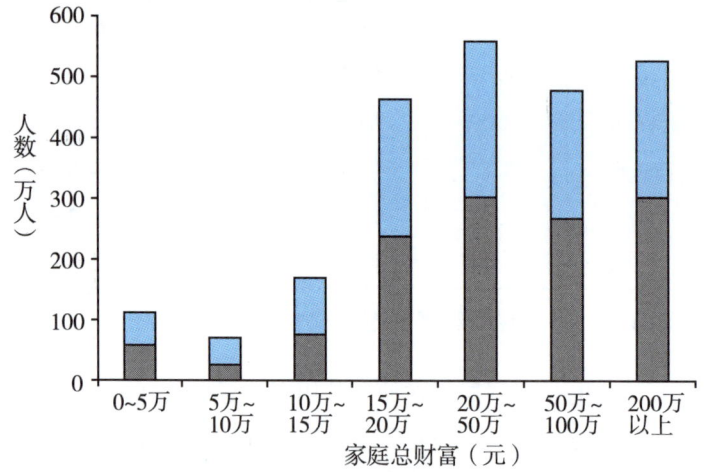

	0~5万	5万~10万	10万~20万	20万~50万	50万~100万	100万~200万	200万以上
自动转账	50.16	37.11	43.39	51.07	53.84	55.73	57.20
非自动转账	49.84	62.89	56.61	48.93	46.16	44.27	42.80

图4-3-7 我国居民信用卡主要还款方式（%）

从图 4-3-8 可以看出，消费者对信用卡和储蓄卡的偏好差异。表中数据反映的是，不同财富等级家庭受访者偏好信用卡和借记卡的比例。所有财富等级的家庭都表现出更倾向于使用信用卡，而处于财富最低层级的家庭（收入在 0~5 万元）对信用卡的偏好大于对储蓄卡的偏好的比例最低。

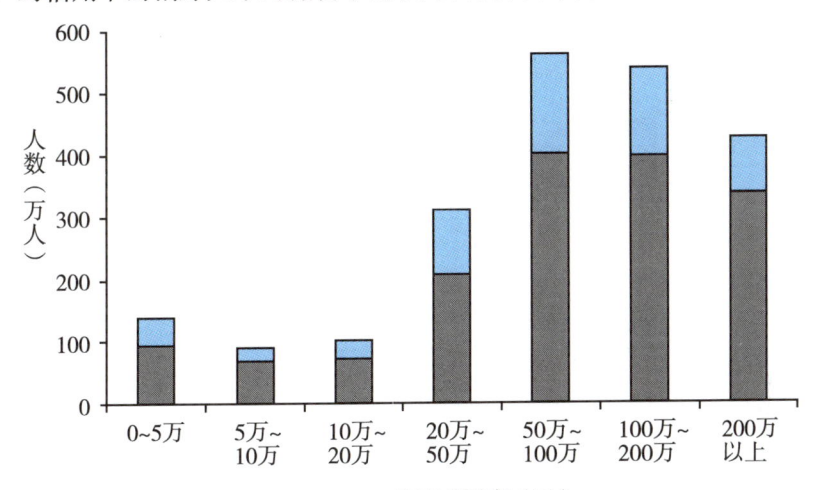

	0~5万	5万~10万	10万~20万	20万~50万	50万~100万	100万~200万	200万以上
信用卡	59.75	77.01	71.68	66.36	70.06	67.31	77.91
储蓄卡	40.25	22.99	28.32	33.64	29.94	32.69	22.09

图 4-3-8 我国居民对信用卡和储蓄卡的偏好（%）

图 4-3-9 是受访者对"使用信用卡是否对您的消费产生刺激作用"的回答。从图中可以看出，大部分受访者认为信用卡对其消费没有刺激作用，即使有，也是略有刺激；信用卡对其过度消费的激励并不大。另外，就"认为信用卡对消费刺激较大"项，在总财富高端的家庭组别，认为信用卡对消费刺激较大的比例也相对较高。

信用卡取现需较高手续费和利息，受访者对这种规定是否知晓，图 4-3-10 给出了答案。从回答"是"与"否"的百分比看：在我国居民使用信用卡的过程中，处在财富水平两端的家庭（10 万元以下和 100 万元以上）知道此规定的受访者更多。

图 4-3-11 是被访者是否了解信用卡风险的分布特征。从图中可以看出，随着家庭总财富的增加，受访者对信用卡可能存在的风险也更加了解。在所有的家庭财富组别中，对信用卡风险的了解比例为 42.18%，而最高财富家庭了解信用卡风险的比例为 73.06%。

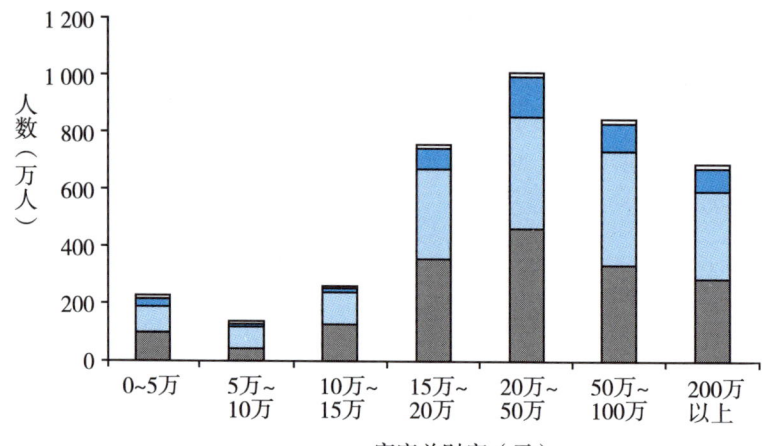

	0~5万	5万~10万	10万~20万	20万~50万	50万~100万	100万~200万	200万以上
没有	44.18	32.62	49.05	46.72	46.10	40.14	41.83
略有些	40.41	58.42	44.16	41.99	39.01	46.59	44.43
较大	11.68	3.70	4.53	9.40	13.42	11.79	11.55
很大	3.73	5.26	2.27	1.89	1.47	1.48	2.19

图4-3-9 我国居民是否使用信用卡过度消费（%）

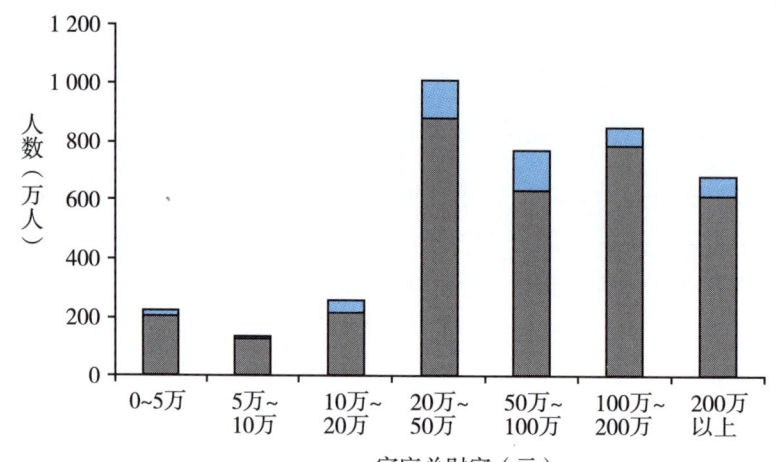

	0~5万	5万~10万	10万~20万	20万~50万	50万~100万	100万~200万	200万以上
是	90.26	94.32	82.96	87.05	82.45	92.43	90.27
否	9.74	5.68	17.04	12.95	17.55	7.57	9.73

图4-3-10 我国居民对信用卡取现需支付较高手续费和利息的了解程度（%）

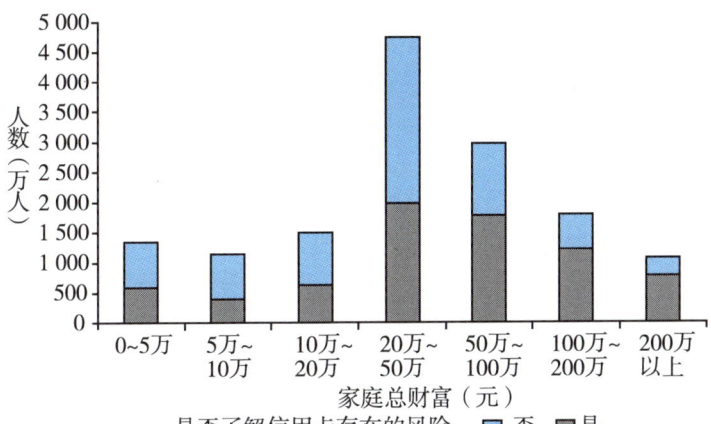

	0～5万	5万～10万	10万～20万	20万～50万	50万～100万	100万～200万	200万以上
是	42.18	35.55	42.58	41.75	60.17	67.84	73.06
否	57.82	64.45	57.42	58.25	39.83	32.16	26.94

图 4-3-11　我国居民对信用卡存在风险的了解程度（%）

图 4-3-12 描述的是我国居民对个人信用违约后果的了解程度。结果表明，随着家庭总财富的增加，受访者对个人信用违约后果了解的比例增大。且从总体上看，大部分受访者了解个人信用违约的后果。

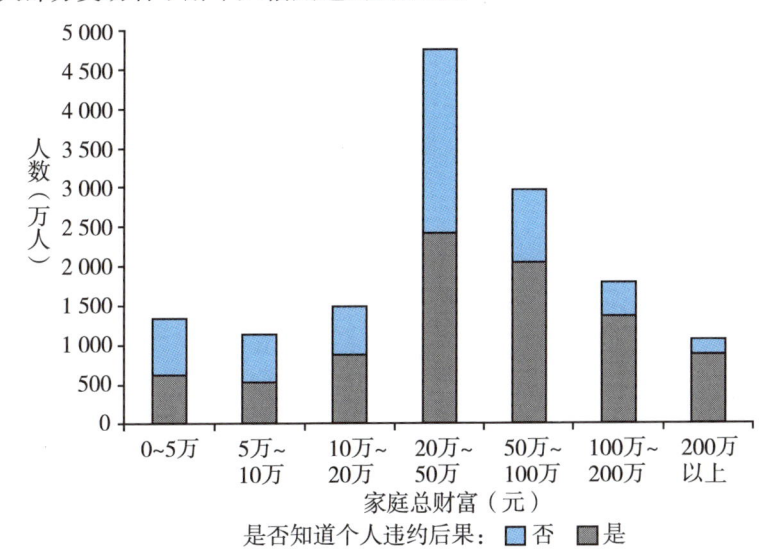

	0～5万	5万～10万	10万～20万	20万～50万	50万～100万	100万～200万	200万以上
是	45.89	47.59	57.92	50.66	69.06	75.76	80.80
否	54.11	52.41	42.08	49.34	30.94	24.24	19.20

图 4-3-12　我国居民对个人信用违约后果的了解程度（%）

4.4 家庭消费

图4-4-1和图4-4-2反映了我国居民家庭用住房作抵押借款消费的意愿。图4-4-1按照地区分组进行统计,图4-4-2按照城市等级分组进行统计。由图所显示的结果可知,绝大部分家庭不会用住房作抵押来借款消费。按照地区分类,华南地区的家庭会用住房抵押借款消费的比例最高,达到10.43%。按照城市分类,在第三类城市中用住房抵押借款消费的比例最低,仅有4.98%;在第一类城市中,用住房抵押借款消费的比例最大,但也只有8.68%。

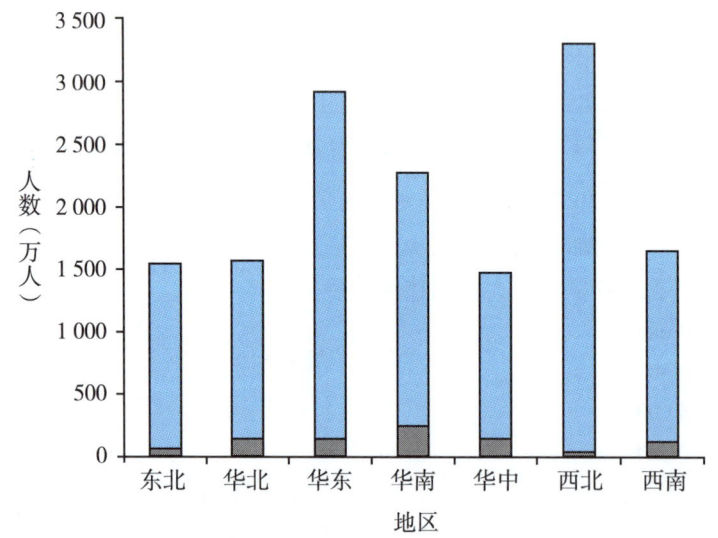

	东北	华北	华东	华南	华中	西北	西南
会	4.03	9.15	4.83	10.43	10.07	0.87	8.09
不会	95.97	90.85	95.17	89.57	89.93	99.13	91.91

图4-4-1 我国居民用住房作抵押借款消费的意愿(按地区分组,%)

图4-4-3和图4-4-4描述了我国居民家庭贷款买车的意愿。图4-4-3按照地区对样本进行分组,图4-4-4按照城市类型对样本进行分组。由图可知,我国居民会贷款买车的比例普遍低于26%。在华中、华南、华北和华东地区,家庭愿意贷款买车的比例较大,分别为25.92%、25.83%、20.61%和20.52%。从城市分类来看,在第三类城市的家庭愿意贷款买车的比例很小,只有15.33%;而在其他两类城市这一比例都大于20%。

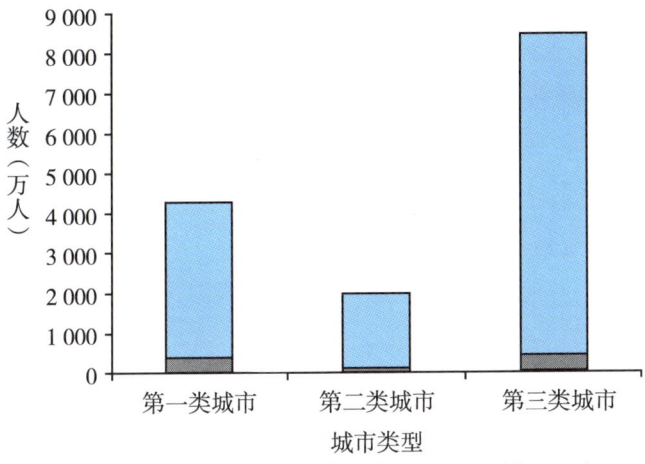

	第一类城市	第二类城市	第三类城市
会	8.68	5.11	4.98
不会	91.32	94.89	95.02

图 4-4-2 我国居民用住房作抵押借款消费的意愿（按城市类型分组, %）

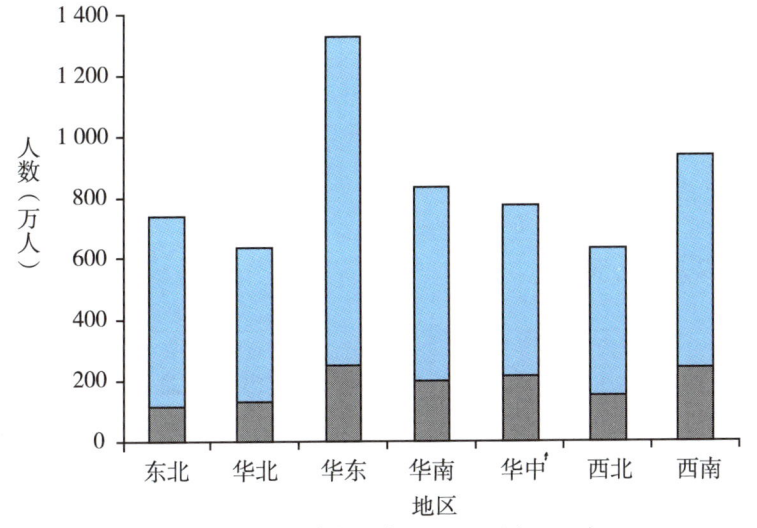

	东北	华北	华东	华南	华中	西北	西南
会	8.84	20.61	20.52	25.83	25.92	9.65	18.44
不会	91.16	79.39	79.48	74.17	74.08	90.35	81.56

图 4-4-3 我国居民贷款买车的意愿（按地区分, %）

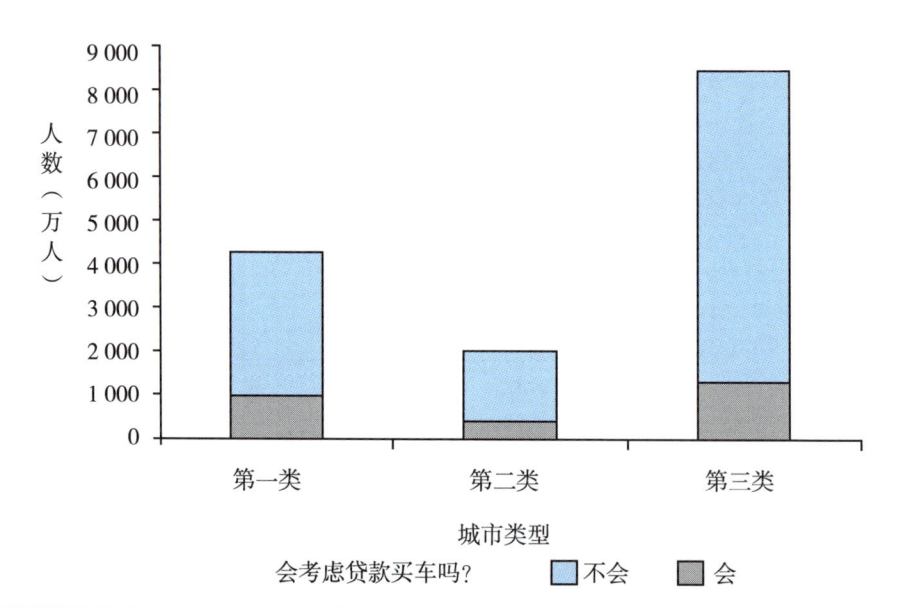

	第一类城市	第二类城市	第三类城市
会	22.19	20.26	15.33
不会	77.81	79.74	84.67

图 4-4-4 我国居民贷款买车的意愿（按城市类型分，%）

注：图 4-4-3 和图 4-4-4 所表述的是居民贷款买车的意愿，与第 2 章实际持有汽车贷款的统计数据有所差异。

4.5 家庭投资

图 4-5-1 至图 4-5-7 展示了我国居民对股票、基金、债券、其他金融产品、商业投资、房产投资和收藏品投资的了解程度，将了解程度具体分为非常了解、比较了解、有所了解、不太了解和不了解五个等级。图中数据是每组家庭对五种了解程度回答的比例情况。从整体来看，我国居民对上述投资方式的了解程度随家庭总财富水平的上升而上升，且对股票和房产投资的了解程度较其他投资工具要稍高些。

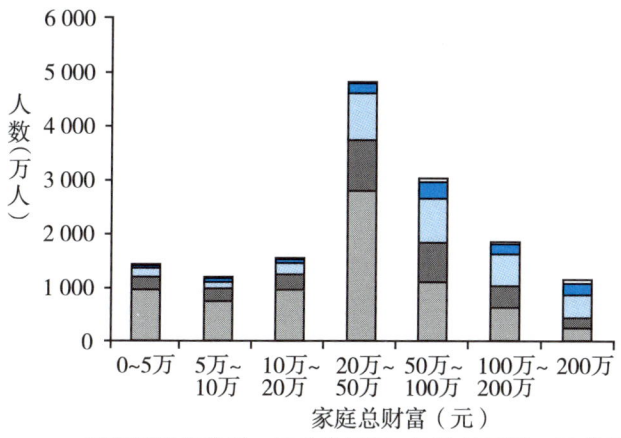

图 4-5-1 我国居民对股票的了解程度（%）

	0~5万	5万~10万	10万~20万	20万~50万	50万~100万	100万~200万	200万
不了解	68.52	63.09	62.28	57.92	35.88	33.54	20.45
不太了解	15.74	20.07	17.60	19.39	24.43	21.45	16.41
有所了解	12.61	10.12	15.36	18.54	27.21	32.10	37.33
比较了解	2.57	6.49	3.66	3.70	9.95	9.74	19.90
非常了解	0.56	0.22	1.10	0.45	2.54	3.17	5.91

图 4-5-2 我国居民对基金的了解程度（%）

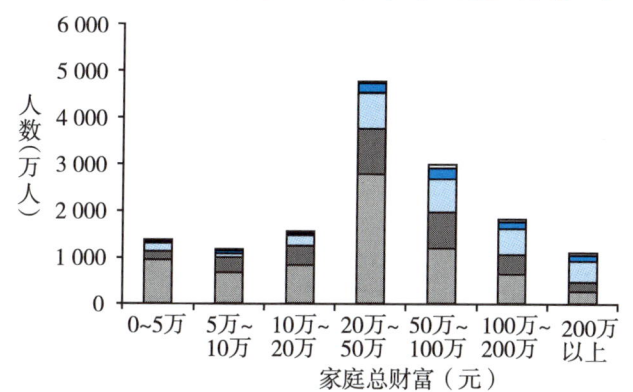

	0~5万	5万~10万	10万~20万	20万~50万	50万~100万	100万~200万	200万以上
不了解	71.12	59.69	55.94	58.71	40.28	37.18	26.01
不太了解	13.61	28.54	26.32	19.99	26.18	22.47	17.39
有所了解	12.40	6.97	14.24	16.39	23.90	29.46	39.61
比较了解	2.30	4.60	2.73	4.54	7.26	8.35	13.54
非常了解	0.57	0.20	0.78	0.37	2.39	2.54	3.45

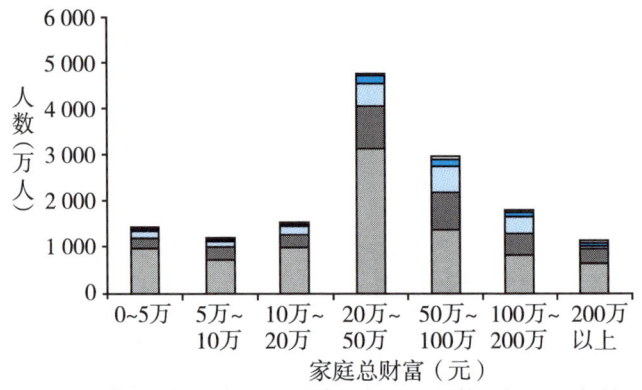

	0~5万	5万~10万	10万~20万	20万~50万	50万~100万	100万~200万	200万以上
不了解	72.33	64.76	65.42	65.75	46.11	47.38	32.97
不太了解	15.56	25.02	20.29	19.09	27.77	24.51	27.65
有所了解	10.86	8.35	12.42	10.89	19.54	20.47	27.99
比较了解	0.83	1.68	1.68	3.65	4.40	6.15	8.03
非常了解	0.43	0.20	0.20	0.61	2.19	1.48	3.36

图4-5-3 我国居民对债券的了解程度（%）

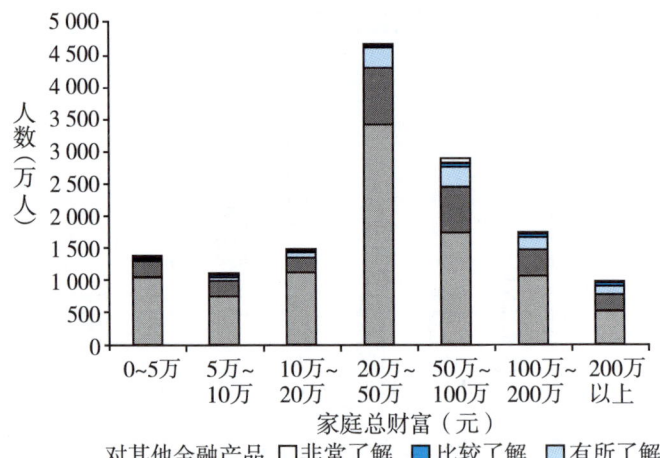

	0~5万	5万~10万	10万~20万	20万~50万	50万~100万	100万~200万	200万以上
不了解	80.28	70.67	78.72	73.37	59.84	62.35	54.21
不太了解	14.45	23.90	16.28	18.73	25.15	22.25	24.82
有所了解	4.63	4.79	4.35	5.71	10.54	11.91	12.97
比较了解	0.20	0.42	0.58	1.92	2.03	2.83	6.18
非常了解	0.44	0.21	0.08	0.27	2.43	0.66	1.82

图4-5-4 我国居民对其他金融产品的了解程度（%）

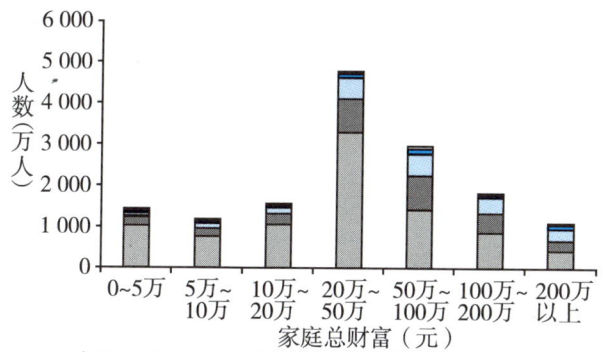

	0~5万	5万~10万	10万~20万	20万~50万	50万~100万	100万~200万	200万以上
不了解	74.19	69.89	71.28	69.05	48.07	48.19	41.82
不太了解	17.43	16.91	17.42	17.33	27.70	26.01	20.55
有所了解	4.84	10.61	9.17	10.85	17.44	21.17	25.83
比较了解	3.25	2.37	1.85	2.14	4.73	3.61	8.49
非常了解	0.30	0.22	0.27	0.64	2.06	1.02	3.31

图 4-5-5　我国居民对商业投资的了解程度（%）

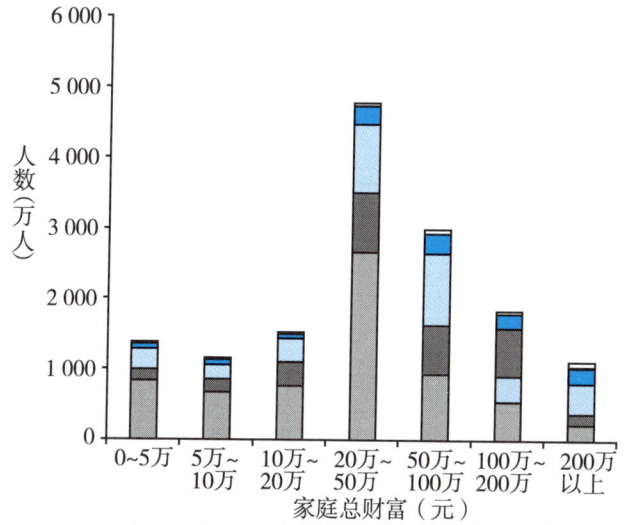

	0~5万	5万~10万	10万~20万	20万~50万	50万~100万	100万~200万	200万以上
不了解	61.52	58.64	50.79	55.85	31.14	30.24	21.30
不太了解	11.54	17.04	22.70	17.60	23.03	19.48	13.73
有所了解	21.18	17.96	22.05	20.33	34.00	37.35	38.81
比较了解	5.29	5.90	4.12	5.05	9.65	10.97	19.25
非常了解	0.47	0.46	0.32	1.18	2.17	1.97	6.91

图 4-5-6　我国居民对房产投资的了解程度（%）

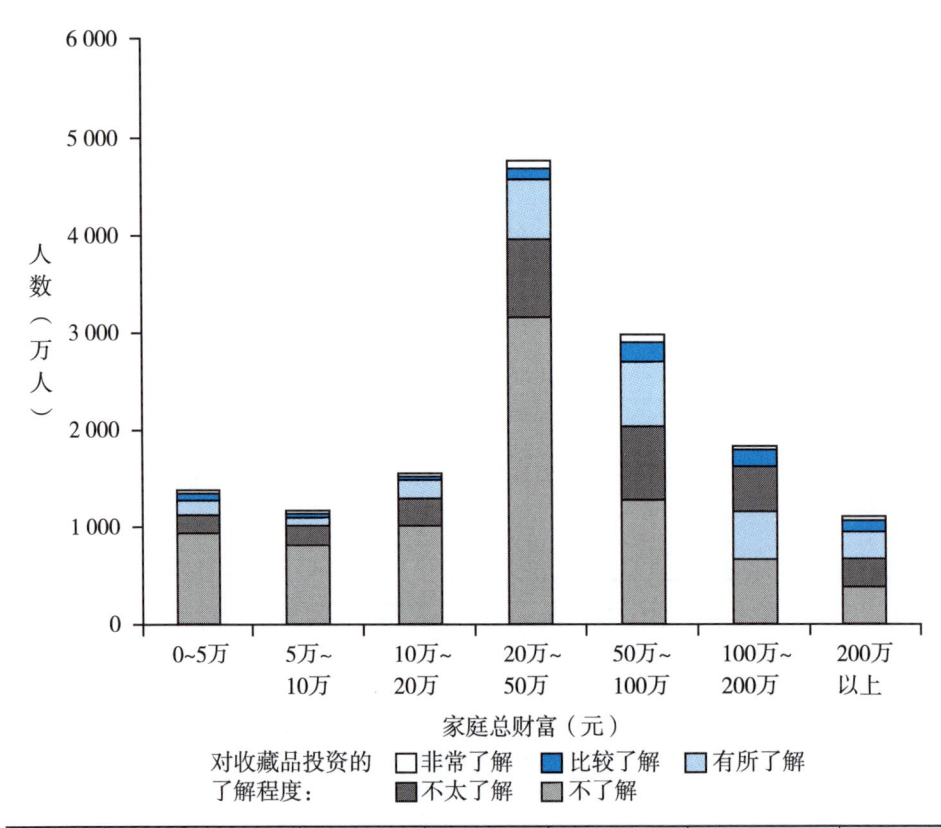

	0~5万	5万~10万	10万~20万	20万~50万	50万~100万	100万~200万	200万以上
不了解	68.37	71.51	68.84	66.30	42.81	36.86	36.25
不太了解	14.32	18.40	17.71	16.70	25.52	26.71	25.90
有所了解	11.78	7.77	12.75	13.06	22.40	25.99	24.46
比较了解	5.22	2.06	0.63	2.21	6.94	9.49	9.62
非常了解	0.30	0.25	0.07	1.73	2.33	0.95	3.78

图 4-5-7　我国居民对收藏品投资的了解程度（%）

图 4-5-8 至图 4-5-13 说明了我国居民家庭在股票、基金、债券、外汇、保值品和房产方面的投资经历。在上述投资工具中，在有投资经历的家庭中占比较高的投资品种包括保值品、股票、债券等。就每种投资工具而言，有投资经历的家庭所占的比例随家庭总财富水平的上升而上升。

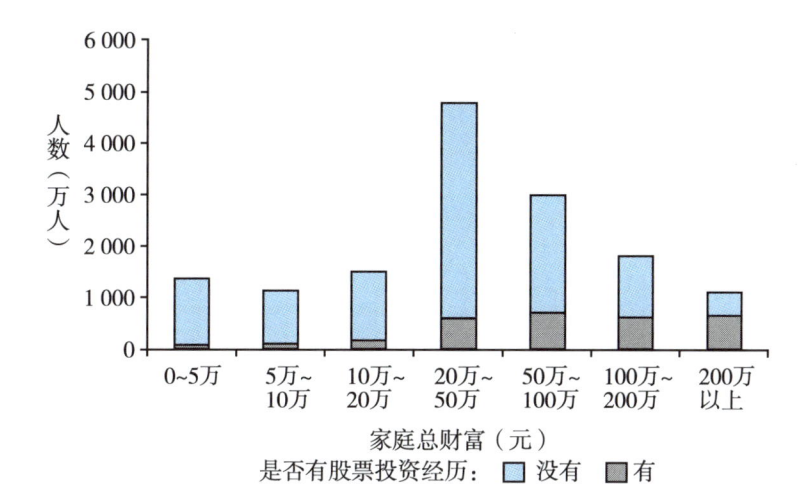

图 4-5-8 我国居民投资股票的情况（%）

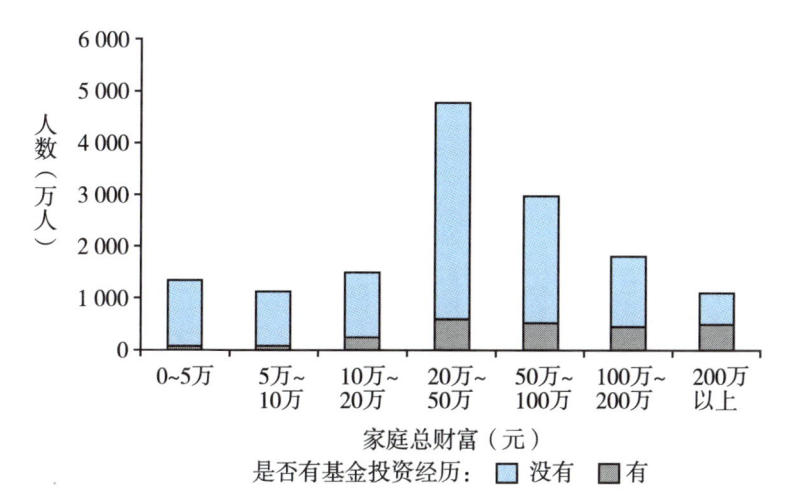

	0~5万	5万~10万	10万~20万	20万~50万	50万~100万	100万~200万	200万以上
有	5.28	9.25	12.26	12.51	23.84	34.07	59.54
没有	94.72	90.75	87.74	87.49	76.16	65.93	40.46

图 4-5-9 我国居民投资基金的情况（%）

	0~5万	5万~10万	10万~20万	20万~50万	50万~100万	100万~200万	200万以上
有	5.80	6.68	16.63	12.73	17.94	26.01	45.08
没有	94.20	93.32	83.37	87.27	82.06	73.99	54.92

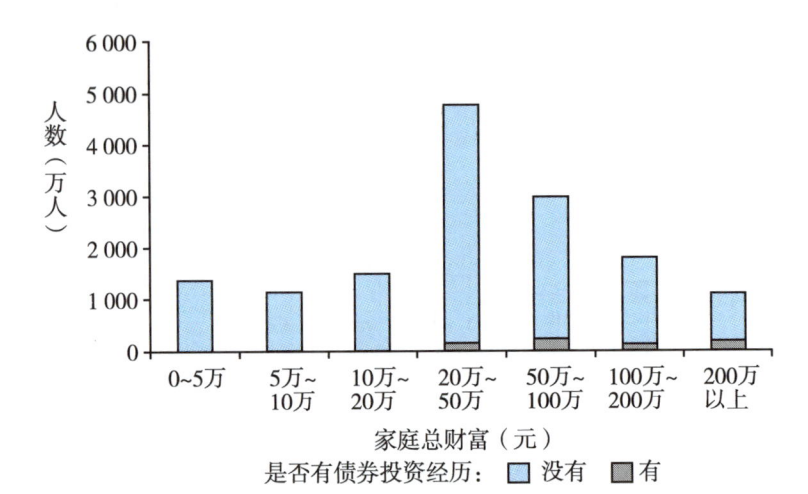

	0~5万	5万~10万	10万~20万	20万~50万	50万~100万	100万~200万	200万以上
有	0.97	2.04	1.60	3.82	8.64	9.11	20.33
没有	99.03	97.96	98.40	96.18	91.36	90.89	79.67

图4-5-10　我国居民投资债券的情况（%）

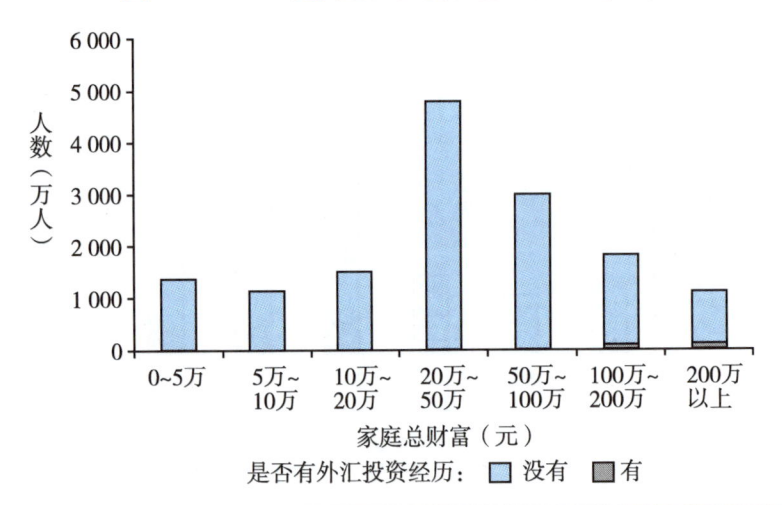

	0~5万	5万~10万	10万~20万	20万~50万	50万~100万	100万~200万	200万以上
有	0.74	0.63	1.37	0.82	1.60	4.91	10.56
没有	99.26	99.37	98.63	99.18	98.40	95.09	89.44

图4-5-11　我国居民投资外汇的情况（%）

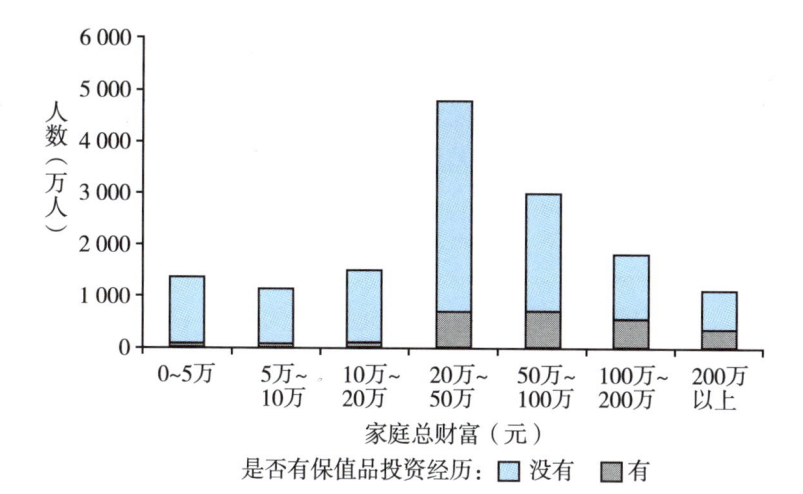

	0~5万	5万~10万	10万~20万	20万~50万	50万~100万	100万~200万	200万以上
有	9.65	7.57	8.50	15.00	25.29	33.21	38.70
没有	90.35	92.43	91.50	85.00	74.71	66.79	61.30

图 4-5-12　我国居民投资保值品的情况（%）

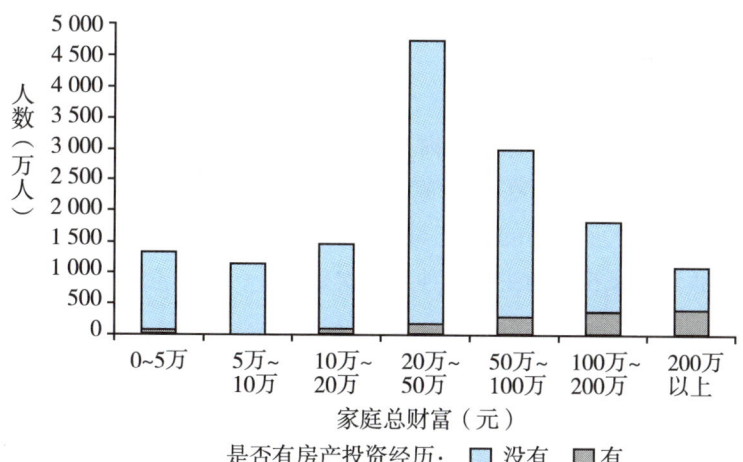

	0~5万	5万~10万	10万~20万	20万~50万	50万~100万	100万~200万	200万以上
有	0.74	0.63	1.37	0.82	1.60	4.91	10.56
没有	99.26	99.37	98.63	99.18	98.40	95.09	89.44

图 4-5-13　我国居民投资房产的情况（%）

表 4-5 列示的是我国居民持有股票、基金、债券和外汇等投资产品的数量的情况,仍然按照家庭总财富水平对样本分类,对各种投资产品的持有种类数进行平均值和标准差的统计。可见,随着家庭财富水平的提高,各种投资产品的持有种类的平均值都在增加,且标准差增大。这表明财富水平高的家庭持有更多种投资产品,有利于分散风险。另外,与其他三种投资产品相比,我国居民对股票的投资种类较多。

表 4-5　　我国居民持有各种投资产品数量的情况（%）

		0~5万	5万~10万	10万~20万	20万~50万	50万~100万	100万~200万	>200万
股票	平均值	0.077	0.126	0.211	0.023	0.480	0.786	1.588
	标准差	0.427	0.469	0.686	0.888	1.037	1.399	1.782
基金	平均值	0.059	0.087	0.308	0.270	0.280	0.392	0.847
	标准差	0.286	0.372	0.971	0.894	0.077	0.825	1.282
债券	平均值	0.004	0.018	0.021	0.031	0.177	0.104	0.332
	标准差	0.060	0.180	0.915	0.218	0.714	0.478	1.387
外汇	平均值	0.005	0.004	0.015	0.005	0.027	0.051	0.018
	标准差	0.068	0.098	0.199	0.079	0.237	0.280	0.635

表 4-6 列示的是在我国,股票、基金、债券、外汇等投资产品的持有率情况。从表中可以看出,随着家庭总财富水平的提高,家庭对各种投资产品的持有率都有所增加。如股票,在总财富水平最低的家庭中,股票的持有率只有 5.23%,而总财富水平最高的家庭,股票的持有率达到 58.94%。同时可以看出,目前股票是我国居民投资的主要品种,其次是基金;对外汇的投资最少。

表 4-6　　我国居民对各种投资品的持有率情况（%）

		0~5万	5万~10万	10万~20万	20万~50万	50万~100万	100万~200万	>200万
股票	有	5.23	9.25	12.25	12.50	23.74	33.88	58.94
	无	94.77	90.75	87.75	87.50	76.26	66.12	41.06
基金	有	5.72	6.67	16.59	12.67	17.91	25.84	44.39
	无	94.28	93.33	83.41	87.33	82.09	74.16	55.61
债券	有	0.96	2.04	1.60	3.81	8.60	9.02	19.93
	无	99.04	97.96	98.40	96.19	91.40	90.98	80.07

续表

		0～5万	5万～10万	10万～20万	20万～50万	50万～100万	100万～200万	>200万
外汇	有	0.73	0.63	1.36	0.81	1.59	4.87	10.29
	无	99.27	99.37	98.64	99.19	98.41	95.13	89.71

表4-7表示的是我国居民对银行存款、基金、债券、外汇、保值品、房产、股票的等投资产品的风险评价。假设给股票的风险打10分，银行存款的风险打0分，让受访者给出其他五类投资工具的风险评分。根据受访者的评分计算平均值和标准差的结果如表4-7所示。可见，在这几种投资工具中，我国居民认为，除股票之外，投资基金的风险最大；除银行存款之外，投资房产的风险最小。

表4-7　我国居民对各种投资产品的风险评价

	银行存款	基金	债券	外汇	保值品	房产	股票
平均值（分）	0	6.316	5.376	5.962	4.897	4.554	10
标准差（分）	0	9.930	3.196	3.930	3.704	3.762	0

图4-5-14描述的是我国居民家庭的风险厌恶情况，并按照财富等级由低到高进行排列。首先，对于家庭总财富水平最低的三个级别，不愿意承担任何投资风险的比例最高，次之是承担平均风险接受平均回报；其次，对于家庭总财富在20万～100万元的家庭，承担平均风险接受平均回报的比例最高，次之是不愿承担任何风险；最后，对于家庭总财富水平最高两个级别（在100万元以上）的居民承担平均风险、接受平均回报的比例最高，次之是为得到较高回报而承担较高风险。从总体上看，绝大多数家庭是风险厌恶的。

图4-5-15描述的是我国居民在对亲友提供的投资建议的态度。由图可知，提出建议仅供参考的比例最大，为40.53%；在提供建议时会慎重考虑的比例其次，为36.71%；非常重视亲友提供的投资建议的比例最小，为10.87%。

考虑到投资与投资者对经济的预期有关，本次调研也收集了投资者对我国未来经济发展预期方面的数据。图4-5-16给出的是我国居民对未来5年经济形势的预期。37.64%的居民认为未来五年的经济发展较过去5年会稍好些，31.44%的居民认为会更好，认为会持平的居民比例为14.61%，只有1.99%的居民认为未来五年的经济发展会更差。

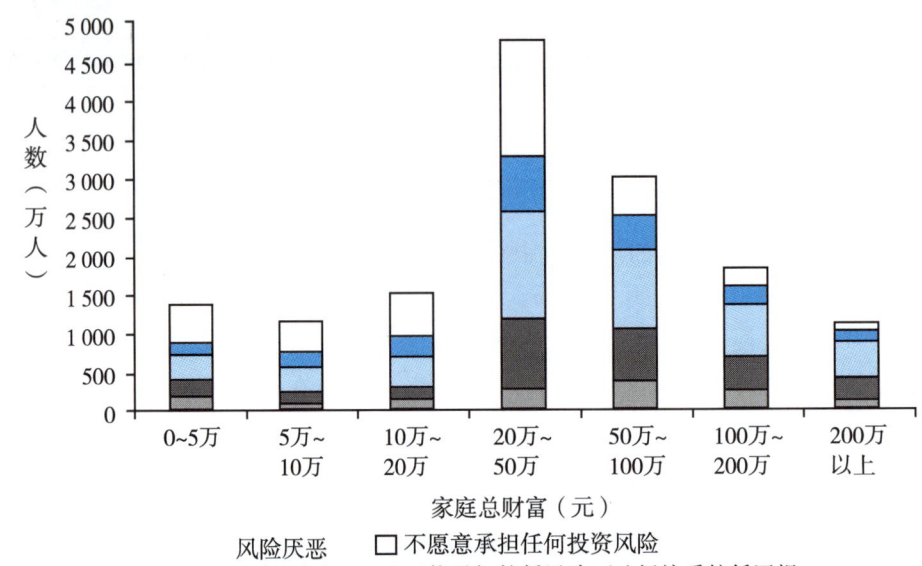

	0~5万	5万~10万	10万~20万	20万~50万	50万~100万	100万~200万	200万以上
为获得高回报而承担高风险	12.26	8.14	9.55	5.67	12.43	14.16	10.98
为获得较高回报而承担较高风险	16.00	12.34	9.70	19.15	22.88	23.00	25.58
只能承担平均风险而选择接受平均回报	24.33	28.10	26.89	28.62	33.47	36.38	41.66
只能承担较低风险而选择接受较低回报	10.64	16.94	17.19	14.95	15.09	13.22	13.75
不愿意承担任何投资风险	36.78	34.48	36.69	31.61	16.14	13.24	8.04

图 4-5-14　我国居民投资时的风险厌恶情况（%）

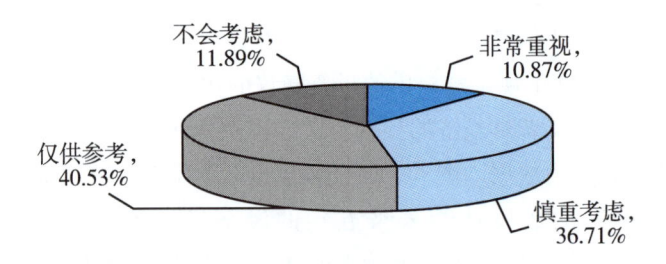

图 4-5-15　我国居民对亲友提出投资建议时的态度

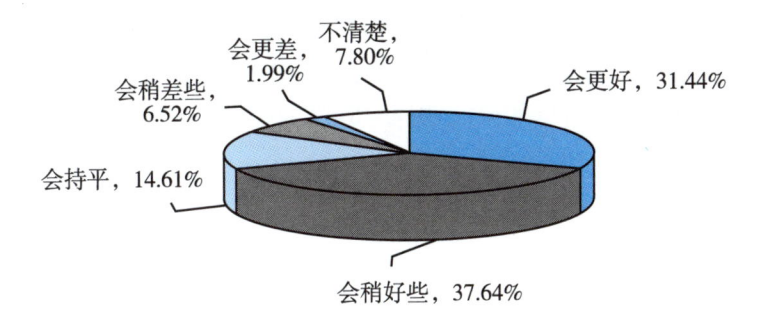

会更差，1.99%
不清楚，7.80%
会稍差些，6.52%
会更好，31.44%
会持平，14.61%
会稍好些，37.64%

图 4-5-16　我国居民对未来 5 年中国经济发展的预期

4.6　家庭融资

图 4-6-1 展示了我国居民首选借款对象的偏好。由图可见，大部分家庭首选的借款对象是亲戚、朋友。家庭财富水平越低，越倾向于向亲戚朋友借钱；而随着家庭财富升高，向银行借款的比例逐渐增大。

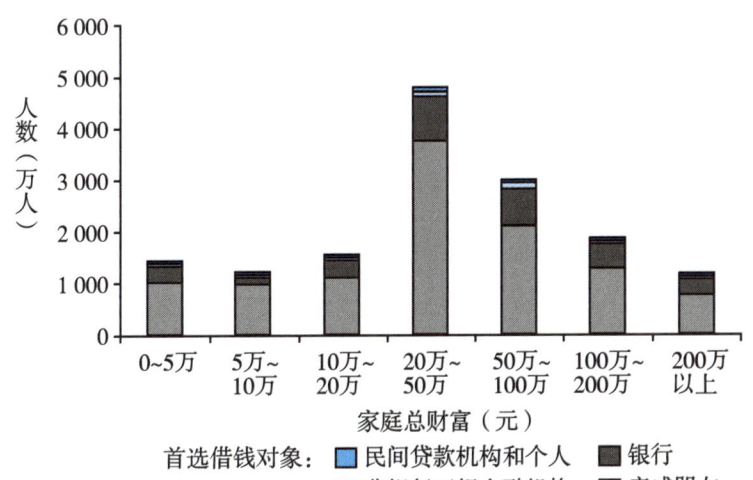

	0~5万	5万~10万	10万~20万	20万~50万	50万~100万	100万~200万	200万以上
亲戚朋友	76.22	87.66	74.40	78.84	71.03	72.30	67.79
银行	22.10	10.35	24.35	18.15	24.02	25.90	29.97
非银行正规金融机构	0.55	1.45	0.42	1.45	3.80	0.62	1.11
民间贷款机构和个人	1.13	0.55	0.83	1.56	1.16	1.17	1.13

图 4-6-1　我国居民首选的借款对象（%）

图 4-6-2 和图 4-6-3 描述的是我国居民对借款难易程度的评价。在调查中，设定的问题是"对您的家庭而言，通过借款的方式筹集 10 万块钱，借款期限为 1 年，您认为难易程度如何"。图 4-6-2 是按照家庭总财富分类，而图 4-6-3 是按照收入分类。

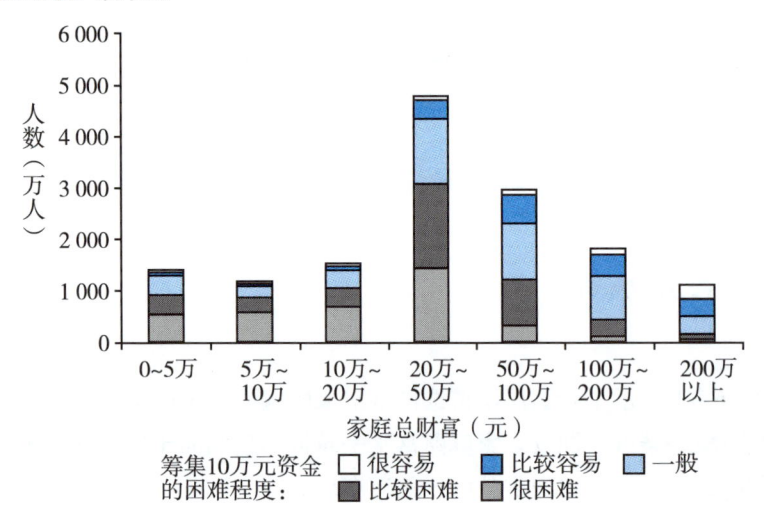

	很困难	比较困难	一般	比较容易	很容易
0~5 万	39.93	29.38	25.55	4.74	0.41
5 万~10 万	52.13	25.28	18.29	2.92	1.38
10 万~20 万	46.92	23.55	22.69	5.54	1.30
20 万~50 万	30.60	34.04	26.71	7.02	1.62
50 万~100 万	11.56	29.72	36.65	18.36	3.71
100 万~200 万	6.24	18.21	46.60	22.65	6.30
200 万以上	2.04	12.51	31.47	31.41	22.57

图 4-6-2 我国居民对借款难易程度的评价（%）

图 4-6-4 给出的是我国居民家庭在向亲友借款时的还付利息的习惯。大部分家庭归还亲友借款时会不计利息，这一比例达到 62.54%；其次是按照存款利率还付，比例为 13.48%；再次之是低于存款利率还付，比例为 12.32%；仅有 2.11% 的居民会按照贷款利率还付；1.44% 的居民会高于贷款利率还付。

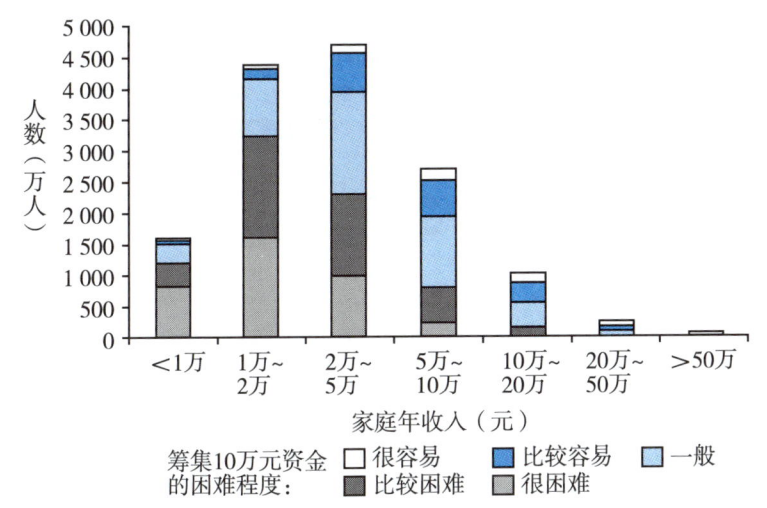

	<1万	1万~2万	2万~5万	5万~10万	10万~20万	20万~50万	>50万
很困难	53.74	37.56	21.22	9.72	3.11	1.63	0.00
比较困难	23.87	36.67	28.02	20.84	13.58	9.48	1.91
一般	18.81	21.12	34.83	41.86	38.19	29.33	14.13
比较容易	2.56	3.70	13.12	21.27	31.22	32.91	43.78
很容易	1.02	0.95	2.81	6.31	13.91	26.65	40.18

图 4-6-3　我国居民对借款难易程度的评价（按收入，%）

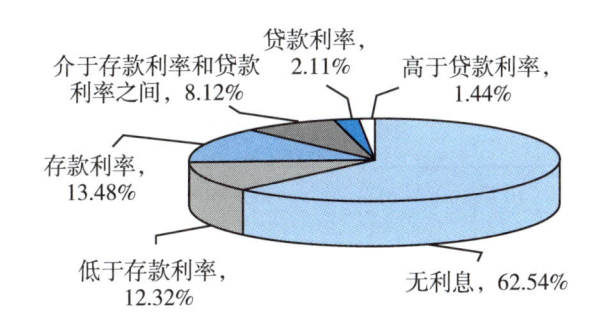

图 4-6-4　我国居民向亲友借款时支付的利率情况

图 4-6-5 描述的是我国居民家庭向亲友借钱的方式。大部分居民是以"打借条"的形式向亲友借钱，这一比例为 47.96%。其次是口头约定，比例为 42.03%。有 6.55% 的居民会请中间人担保，2.86% 的人会采用抵押的方式向亲友借钱。

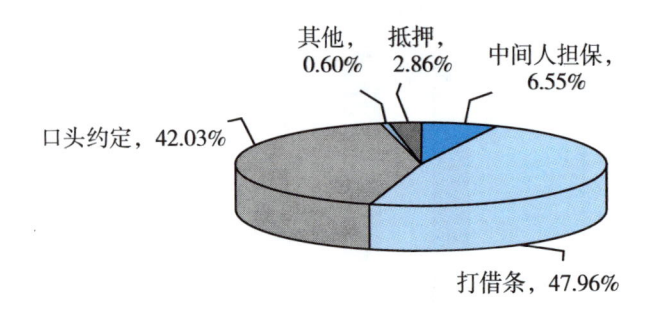

图 4-6-5 我国居民向亲友借钱的方式

图 4-6-6 至图 4-6-11 描述的是我国居民家庭对购房贷款、购车贷款、装修贷款、教育贷款、商业经营贷款和大件消费贷款的了解程度。由图可知,随着家庭总财富水平的上升,我国居民对以上贷款的了解程度有所增加。

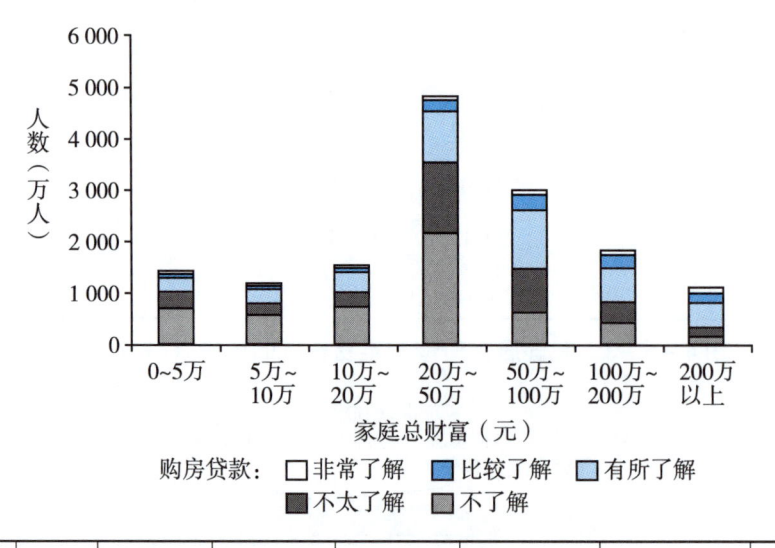

	0~5万	5万~10万	10万~20万	20万~50万	50万~100万	100万~200万	200万以上
不了解	53.37	52.59	51.07	45.21	21.97	24.55	16.34
不太了解	23.01	19.47	18.26	29.23	27.64	21.96	15.61
有所了解	19.38	24.68	26.92	20.62	37.72	35.82	43.33
比较了解	3.73	3.15	3.21	4.24	10.06	14.24	16.36
非常了解	0.52	0.11	0.54	0.71	2.61	3.43	8.35

图 4-6-6 我国居民对购房贷款的了解程度(%)

图4-6-7 我国居民对购车贷款的了解程度（%）

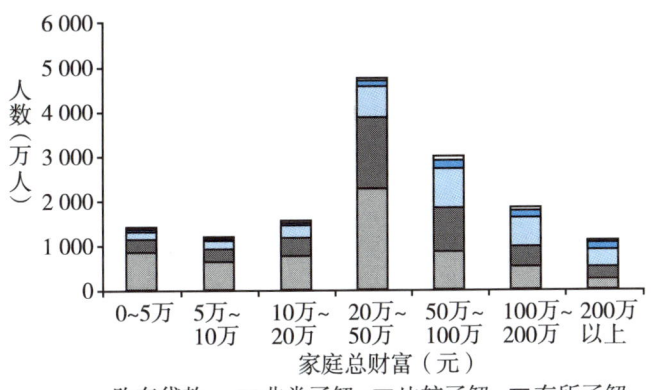

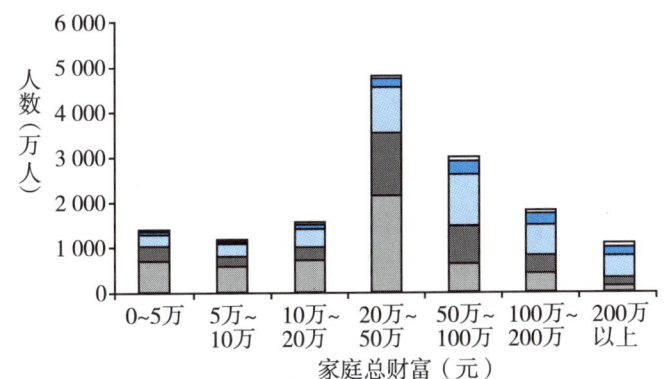

	0~5万	5万~10万	10万~20万	20万~50万	50万~100万	100万~200万	200万以上
不了解	64.40	55.99	53.22	47.98	29.67	29.64	22.68
不太了解	20.70	26.00	27.30	33.94	31.84	24.67	25.47
有所了解	12.05	17.08	17.43	14.56	29.76	35.83	34.39
比较了解	2.67	0.87	1.94	2.99	6.89	8.22	14.39
非常了解	0.17	0.06	0.12	0.53	1.84	1.64	3.08

图4-6-8 我国居民对装修贷款的了解程度（%）

	0~5万	5万~10万	10万~20万	20万~50万	50万~100万	100万~200万	200万以上
不了解	68.57	63.65	60.77	60.07	40.88	41.74	33.29
不太了解	22.24	26.68	27.56	30.03	41.90	33.39	36.24
有所了解	6.27	9.27	9.45	7.34	12.21	20.80	21.83
比较了解	2.74	0.29	2.10	2.42	3.63	2.92	6.11
非常了解	0.17	0.11	0.12	0.14	1.38	1.14	2.54

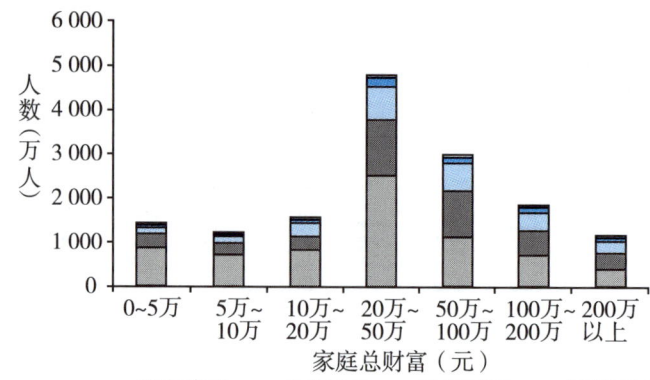

	0~5万	5万~10万	10万~20万	20万~50万	50万~100万	100万~200万	200万以上
不了解	64.77	63.38	56.79	52.76	37.71	40.17	37.22
不太了解	22.03	22.77	19.87	26.54	34.83	30.39	33.54
有所了解	9.12	12.21	20.02	15.58	21.00	22.28	22.78
比较了解	3.73	1.37	3.28	4.40	4.72	6.48	4.50
非常了解	0.36	0.27	0.04	0.72	1.73	0.68	1.97

图 4-6-9 我国居民对教育贷款的了解程度（%）

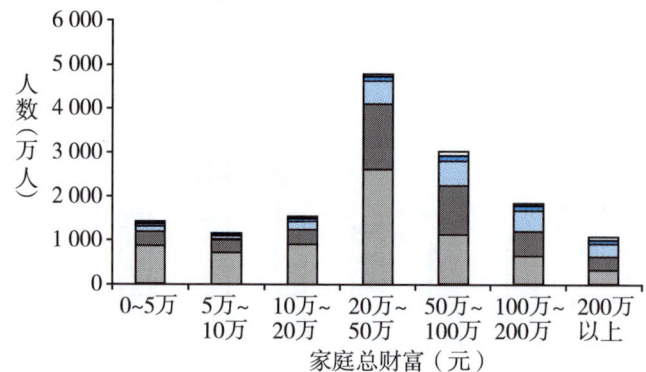

	0~5万	5万~10万	10万~20万	20万~50万	50万~100万	100万~200万	200万以上
不了解	68.13	66.57	63.78	55.66	39.69	38.19	33.66
不太了解	19.87	25.07	22.41	30.36	36.42	30.18	27.82
有所了解	7.69	8.01	11.08	10.44	17.96	25.14	25.53
比较了解	2.80	0.35	2.60	3.01	3.66	5.14	7.39
非常了解	1.51	0.00	0.12	0.53	2.27	1.35	5.61

图 4-6-10 我国居民对商业经营贷款的了解程度（%）

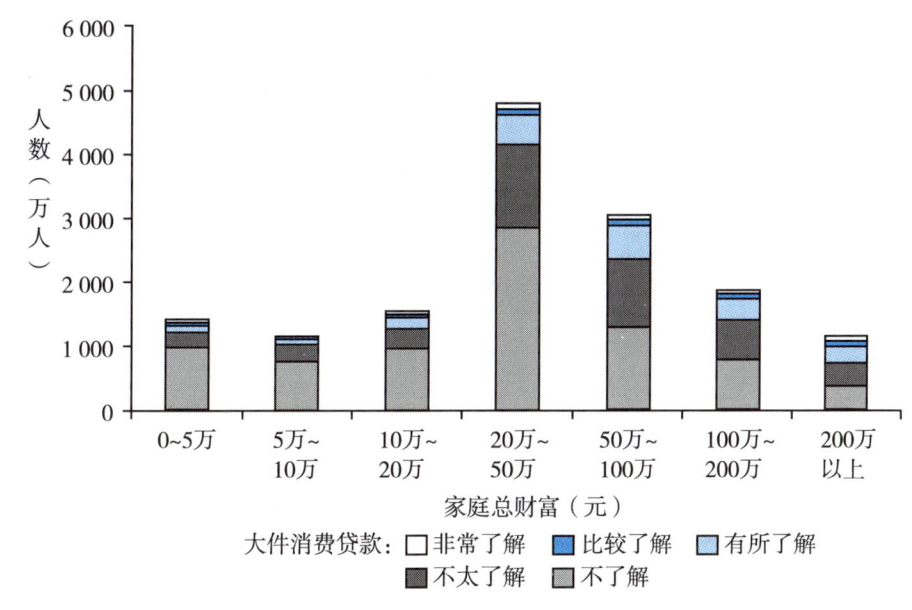

图表:家庭总财富(元)对应人数(万人)柱状图

大件消费贷款：□非常了解　■比较了解　□有所了解
　　　　　　　■不太了解　□不了解

	0~5万	5万~10万	10万~20万	20万~50万	50万~100万	100万~200万	200万以上
不了解	72.77	69.48	66.20	60.14	44.14	44.98	38.79
不太了解	17.10	22.62	20.99	26.83	35.55	33.74	31.29
有所了解	7.14	6.93	10.59	9.31	16.63	17.82	21.30
比较了解	2.12	0.97	2.17	2.03	2.45	2.46	5.31
非常了解	0.86	0.00	0.04	1.69	1.23	1.00	3.31

图 4-6-11　我国居民对大件消费贷款的了解程度 (%)

图 4-6-12 和图 4-6-13 描述的是我国居民家庭对可以向保险公司和典当公司借款的了解程度。可见我国居民对可向保险公司借款的了解程度是随家庭总财富水平的上升而增加的。但总体来讲，大部分居民是不了解可向保险公司借款的。居民对可向典当公司借款的了解程度也表现出相同的特征。

图 4-6-14 至图 4-6-16 反映的是我国居民的债务承受能力情况。我们将能够承担的债务占家庭年收入的倍数分为 10 个等级，依次为小于等于 1 倍、2 倍……5 倍、大于等于 10 倍及以上，并将样本分别按照家庭年收入、家庭总财富和风险厌恶程度分类。表中数据所表示的是每个财富组别的家庭回答不同承受等级的百分比。对大部分居民来讲，能承担的债务不应超过家庭年收入的 2 倍。总体上看，随着家庭收入和财富的增加，家庭的债务承受力也在提高。家庭的风险厌恶越低，家庭越愿意承受较高水平的负债。

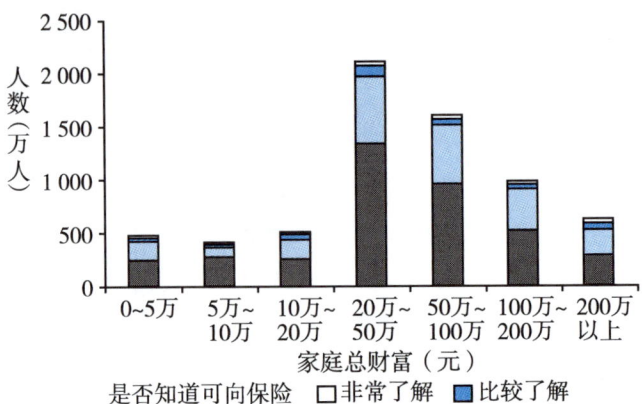

	0~5万	5万~10万	10万~20万	20万~50万	50万~100万	100万~200万	200万以上
不了解	67.19	66.48	66.94	55.77	46.52	46.35	44.29
不太了解	19.06	24.88	18.01	28.11	32.02	28.70	25.51
有所了解	12.24	7.09	11.88	13.18	18.57	21.05	22.15
比较了解	0.69	1.08	3.02	2.12	1.59	2.58	4.80
非常了解	0.83	0.48	0.15	0.82	1.30	1.31	3.24

注:"不了解"项未在图中显示。

图 4-6-12 我国居民是否了解可以向保险公司借款（%）

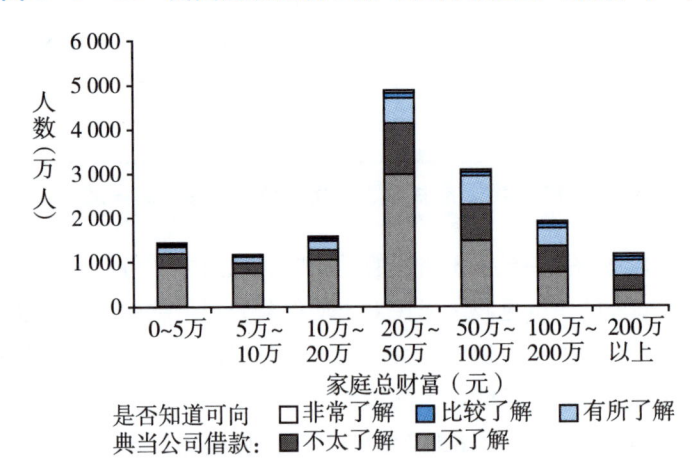

	0~5万	5万~10万	10万~20万	20万~50万	50万~100万	100万~200万	200万以上
不了解	66.34	68.60	70.64	61.52	49.77	43.07	33.13
不太了解	21.58	18.20	15.21	23.91	27.09	31.52	29.00
有所了解	10.43	12.38	12.80	11.77	20.84	21.63	29.80
比较了解	1.48	0.61	1.20	2.30	1.85	3.21	5.76
非常了解	0.17	0.20	0.15	0.50	0.45	0.56	2.31

图 4-6-13 我国居民是否了解可以向典当公司借款（%）

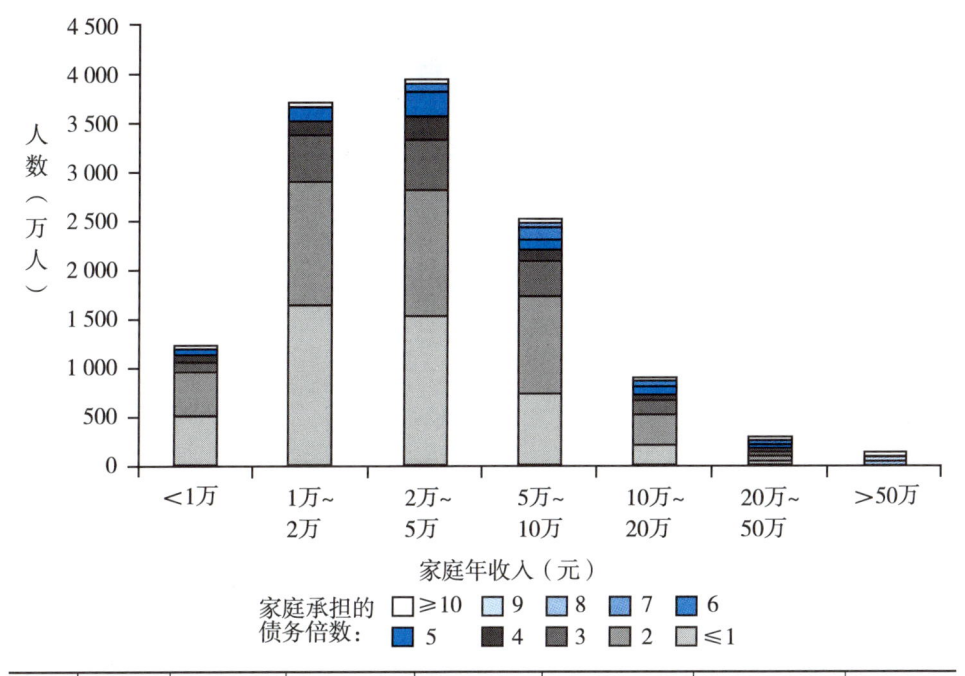

家庭承担的　　☐ ≥10　☐ 9　☐ 8　☐ 7　■ 6
债务倍数：　　■ 5　■ 4　■ 3　☐ 2　☐ ≤1

	<1万	1万~2万	2万~5万	5万~10万	10万~20万	20万~50万	>50万
≤1	45.03	44.87	38.91	30.29	25.00	27.53	22.58
2	34.77	34.00	32.83	40.28	35.24	24.14	28.41
3	8.05	12.69	12.78	14.65	15.73	14.56	5.01
4	5.87	3.70	5.95	4.90	6.42	6.66	6.33
5	5.95	3.92	6.31	4.68	10.24	13.26	32.02
6	0.05	0.08	1.71	2.51	1.91	12.79	0.00
7	0.10	0.00	0.00	0.12	0.00	0.00	1.13
8	0.00	0.06	0.02	2.02	1.95	0.00	2.24
9	0.00	0.01	0.05	0.07	0.47	0.00	0.00
≥10	0.17	0.67	1.45	0.47	3.04	1.06	2.27

图 4-6-14　我国居民对债务的承受能力（按年收入分，%）

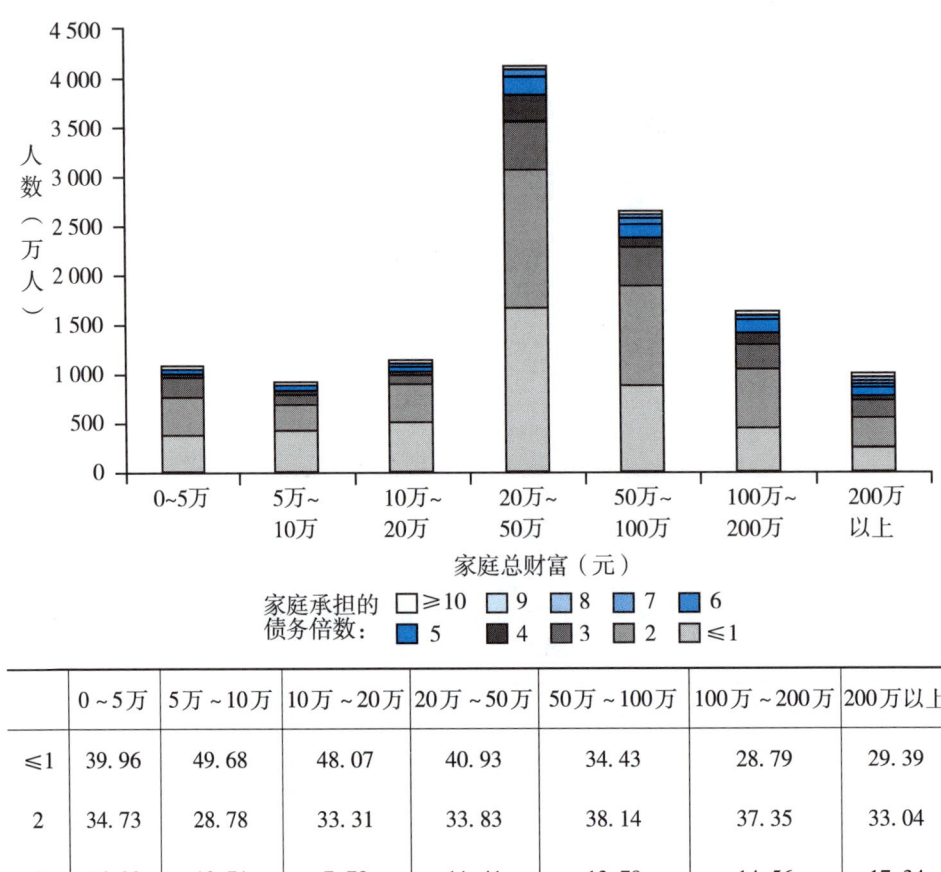

	0~5万	5万~10万	10万~20万	20万~50万	50万~100万	100万~200万	200万以上
≤1	39.96	49.68	48.07	40.93	34.43	28.79	29.39
2	34.73	28.78	33.31	33.83	38.14	37.35	33.04
3	16.99	10.71	7.70	11.41	13.79	14.56	17.34
4	3.49	2.54	2.65	6.84	3.99	6.61	5.45
5	4.29	6.28	6.16	4.28	5.62	8.36	8.90
6	0.06	0.00	0.46	1.44	1.78	2.53	2.73
7	0.00	0.00	0.11	0.04	0.00	0.00	0.19
8	0.11	0.17	0.17	0.23	1.40	0.14	1.84
9	0.00	0.00	0.00	0.00	0.02	0.23	0.44
≥10	0.38	1.84	1.36	0.95	0.82	1.43	0.69

图 4-6-15 我国居民对债务的承受能力（按家庭总财富分，%）

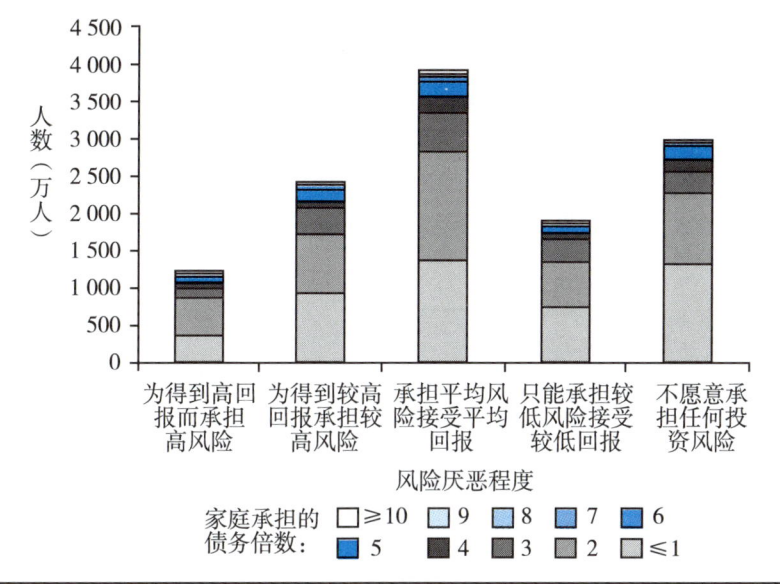

	为得到高回报而承担高风险	为得到较高回报承担较高风险	承担平均风险接受平均回报	只能承担较低风险接受较低回报	不愿意承担任何投资风险
≤1	29.54	38.66	35.03	40.22	44.67
2	41.56	32.83	37.36	32.25	32.27
3	10.20	13.73	13.26	16.59	10.13
4	5.97	4.29	5.62	4.61	5.12
5	6.60	6.34	5.11	5.02	6.04
6	2.78	2.19	1.28	0.37	1.21
7	0.00	0.12	0.06	0.00	0.02
8	0.40	1.28	0.43	0.84	0.09
9	0.00	0.09	0.11	0.00	0.06
≥10	2.95	0.47	1.69	0.11	0.39

图 4-6-16　我国居民对债务的承受能力（按风险厌恶程度分，%）

4.7　住房

表 4-8 是我国居民住房的拥有情况。我们按地区对样本进行分类，分类显示：华东地区的无住房比例最大，达 21.29%；华南地区其次，为 21.25%；再

次是西南地区，达 18.46%；在西北地区无住房的比例最低，仅为 6.61%。

表 4-8　　　　　　　　我国居民住房拥有情况（按地区分）

	东北	华北	华东	华南	华中	西北	西南
无住房	12.24	18.39	21.29	21.25	10.69	6.61	18.46
有住房	87.76	81.61	78.71	78.75	89.31	93.39	81.54

4-7-1 揭示了我国无住房家庭没有买房的原因：大部分人是因为没有足够的首付款而未买房，这一比例为 58.95%；其次是资金没有问题的家庭，但对房价的走势还处在观望状态，该部分比例为 12.39%；然后是筹集首付款没有问题，但认为还款有压力的家庭，他们占没有购房家庭总数的 10.24%。

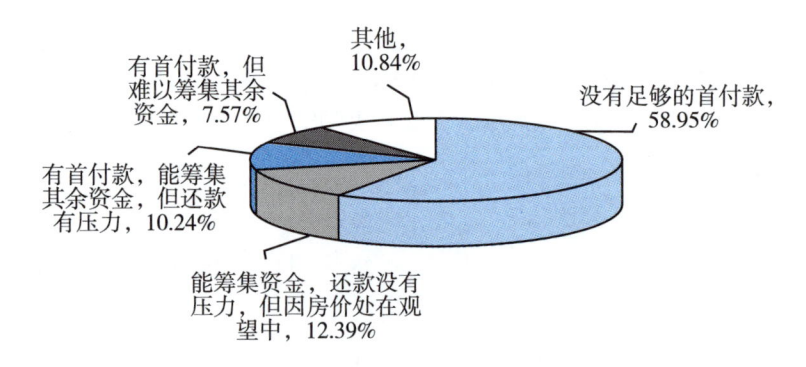

图 4-7-1　无住房的居民没有买房的原因

图 4-7-2 列出我国家庭购买自住房的资金来源。由图可知，我国居民的买房资金大部分来源于自有资金，比例高达 92.43%；以公积金贷款作为买房资金来源的比例非常小，仅有 0.33%，在图中较难清晰显示。

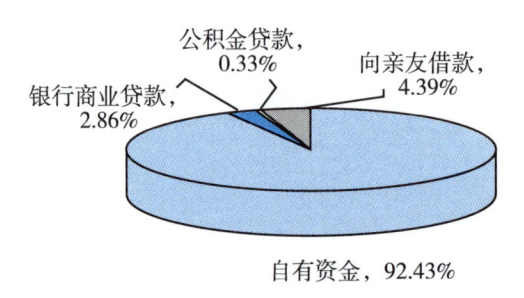

图 4-7-2　我国居民买房资金来源

4.8 退休与保险

表4-9所示是我国居民对退休的期望年龄。男性对退休的期望年龄平均为56.93岁，女性的期望年龄平均为53.45岁。

表4-9　　　　　　　　我国居民期望的退休年龄

	男	女
均值	56.93	53.45
标准差	6.1425	8.981

图4-8-1所示是我国居民家庭在回答养老金否能满足退休后生活需求的统计结果。认为可以满足的居民占41.06%，认为不能的占58.94%。

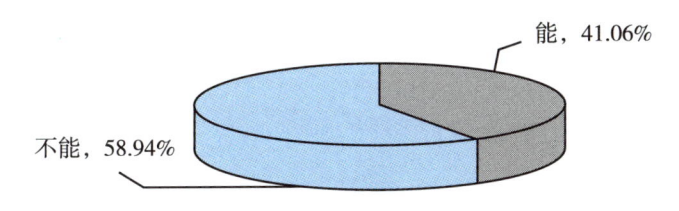

图4-8　我国居民缴纳养老金是否能满足退休后生活需求

4.9 遗产规划

本报告分别按城市等级和地区对样本进行分类，图4-9-1和图4-9-2描述的是我国居民继承遗产的情况。可以看到，在第二类城市中，继承过遗产的居民比例最大，为10.63%。就地区而言，在华南地区继承过遗产的居民比例最大，为13.95%；这一比例最低的是西北地区，为3.07%。

图4-9-3显示了我国居民继承遗产的来源。绝大部分居民是继承父母遗产，这一比例达到81.30%。

表4-10显示了我国居民继承遗产数额的情况。由表可知，我国居民继承遗产数额的平均值为16 161元，但标准差较大，为156 951元。

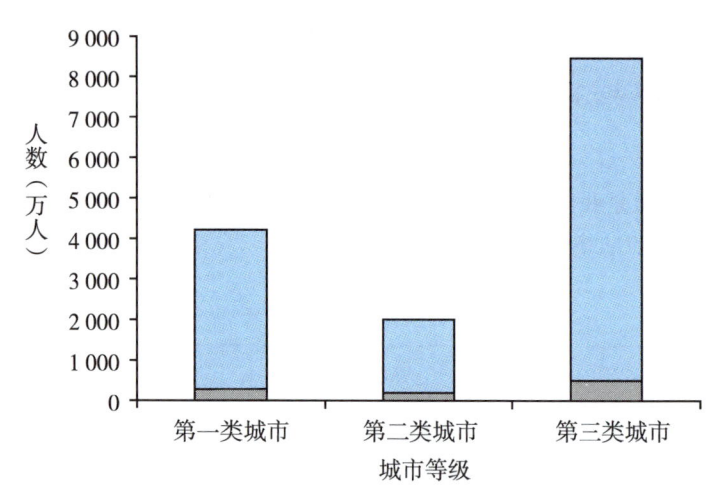

图 4-9-1 我国居民继承遗产的情况（按城市分，%）

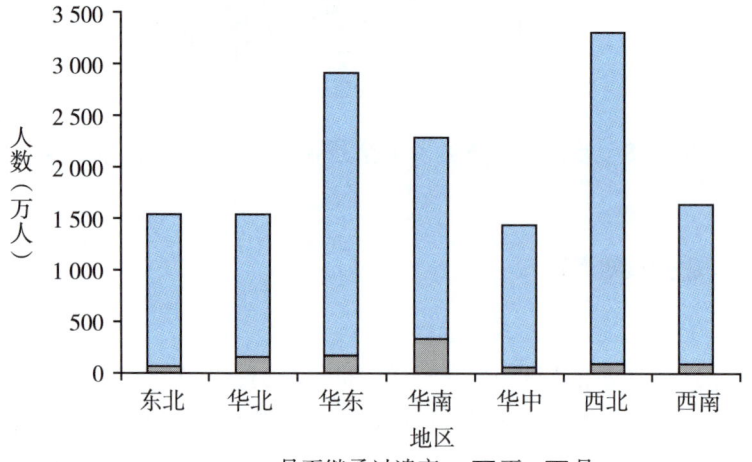

	第一类城市	第二类城市	第三类城市
是	6.31	10.63	5.61
否	93.69	89.37	94.39

图 4-9-2 我国居民继承遗产的情况（按地区分，%）

	东北地区	华北地区	华东地区	华南地区	华中地区	西北地区	西南地区
是	3.96	9.93	6.01	13.95	3.64	3.07	5.61
否	96.04	90.07	93.99	86.05	96.36	96.93	94.39

亲友，10.85%　其他，7.85%

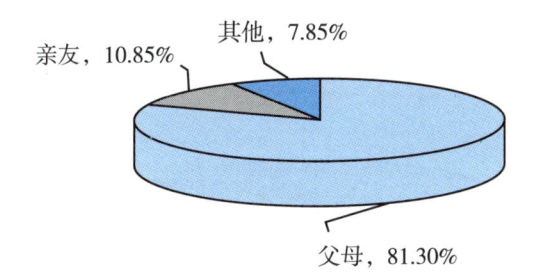

父母，81.30%

图 4-9-3　遗产继承来源

表 4-10　继承遗产的数额（元）

平均数额	标准差
16 161	156 951

图 4-9-4 显示了我国居民是否要留下遗产的情况。从结果来看，大部分居民家庭打算给子女或他人留下遗产，这一比例在 60% 以上，并且有子女的居民打算留下遗产的比例较无子女的家庭大。

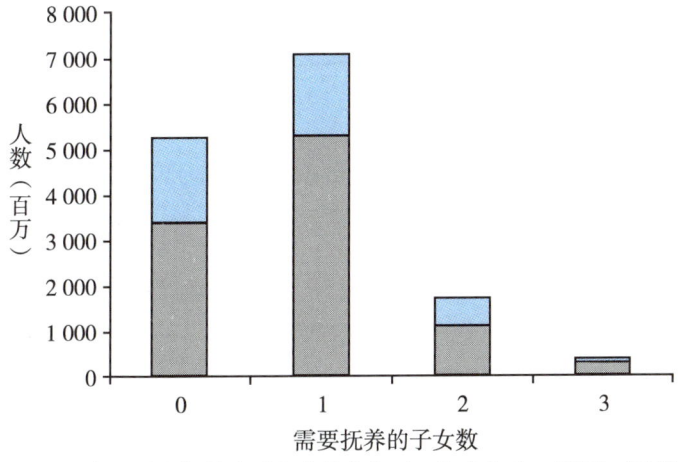

您和爱人打算为子女或他人留下一笔遗产吗？　否　是

选择 \ 子女个数	0	1	2	3
是	64.34	74.57	66.11	86.25
否	35.66	25.43	33.89	13.75

图 4-9-4　是否打算为子女或他人留下遗产（%）

图 4-9-5 显示了我国居民对遗产做规划的意愿。可以看到，愿意为遗产做规划的居民比例较小，仅有 16.66%。

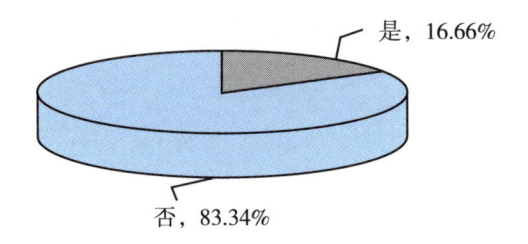

图 4-9-5　我国居民对遗产做规划的意愿

图 4-9-6 给出了打算做遗产规划的居民对开征遗产税的关注情况。可以看到，没有关注的比例最高，为 67.65%；其次是略有关注的，比例为 25.00%；在打算做遗产规划的居民中，很关注开征遗产税的比例仅为 1.34%。

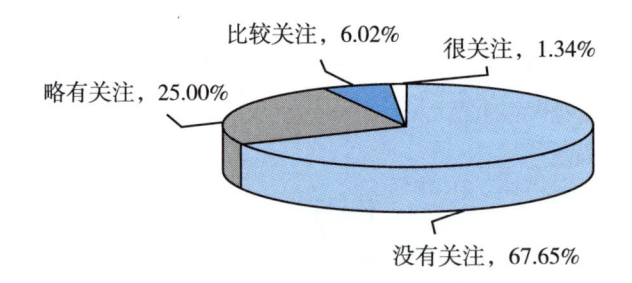

图 4-9-6　打算规划遗产的居民对开征遗产税的关注情况

图 4-9-7 显示出愿意或可能捐赠遗产的家庭希望捐赠的对象。大部分居民家庭表示愿意将遗产捐赠于扶贫支困，这一比例达 62.90%；愿意捐赠于教育及科研的比例为 23.15%，愿意捐赠于其他社会公益活动的比例为 13.95%。

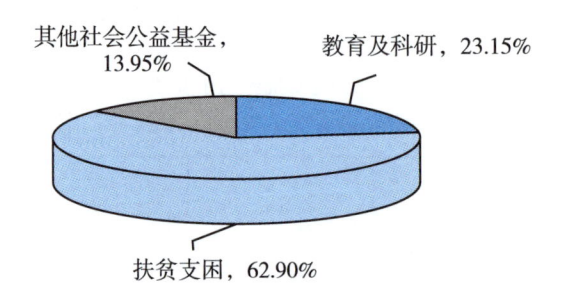

图 4-9-7　愿意或可能捐赠遗产的居民遗产捐赠的对象

第 5 章

对部分样本家庭的跟踪调查

为了持续观察我国城市家庭消费金融的变化情况，我们对 2010 年调研中的部分样本家庭进行跟踪调查。考虑一线城市的样本家庭较多，便从一线城市抽出 640 个家庭进行了跟踪调查[①]。本章将介绍被跟踪家庭的资产和负债、收入和消费的变化，并择要报告家庭的金融行为的变化情况。

5.1 被跟踪家庭的基本经济情况

5.1.1 被跟踪调查家庭的资产和负债情况

我们以被跟踪家庭为对象分别计算了这些家庭在 2010 年和 2011 年两次调研所收集的资产负债表各子项的变化情况，详见表 5-1 所示。可以看出，一线城市被跟踪家庭的总资产和总负债都有较大幅度增加。其中总资产在一年的时间里由平均的 60.4 万元增加到 80.14 万元，而负债从 2009 年的平均 378.16 元增加到 2010 年的 15 380.95 元[②]。这意

[①] 这些一线城市的样本分布是：广州 103 个，济南 75 个，上海 117 个，沈阳 112 个，武汉 99 个，重庆 134 个。北京由于人口流动性较强，入户跟踪较为困难，收集的样本数量较少，故本章没有将北京的跟踪家庭统计在内。

[②] 按照惯例，每次调查是调查上年一年家庭的消费金融状况。也就是说 2010 年和 2011 年两次调查获得的收入数据，分别是指 2009 年和 2010 年两年的收入。除做出特别说明，下文各数据所指的时间概念均同此说明。

味着，一线城市被跟踪调研的家庭平均净资产增加了约 18.23 万元。说明总体来看，家庭的净财富呈逐年增加的趋势。

表 5-1　　被跟踪家庭的资产负债表对比

项目名称	总体均值		子项占比（%）		参与率（%）	
	2009 年	2010 年	2009 年	2010 年	2009 年	2010 年
现金	4 158.90	4 159.91	0.69	0.5	99.53	98.75
活期存款	10 287.12	10 401.34	1.70	1.3	88.28	89.84
基金市值	3 646.90	2 943.80	0.60	0.4	8.28	6.56
国债	590.99	975.01	0.10	0.1	2.03	3.91
企业债	22.35	113.39	0.00	0.0	0.31	0.78
借给亲友的钱	822.84	949.61	0.14	0.1	4.06	5.00
定期存款	37 842.78	52 424.87	6.27	6.5	76.56	81.41
储蓄性保险	3 751.79	5 922.86	0.62	0.7	17.50	28.28
股票市值	15 380.14	17 473.62	2.55	2.2	24.06	18.59
其他金融资产	548.39	386.93	0.09	0.0	1.25	1.25
养老金账户积累	22 209.59	16 487.26	3.68	2.1	64.06	67.66
企业年金	2 083.88	1 790.04	0.35	0.2	10.00	17.34
住房公积金	8 346.03	8 261.66	1.38	1.0	36.88	42.34
大件耐用品	12 555.39	15 990.77	2.08	2.0	85.16	88.91
保值商品	4 798.06	6 684.50	0.79	0.8	40.31	45.94
商业资产	6 140.08	1 429.82	1.02	0.2	11.09	6.41
自有汽车价值	8 164.12	9 857.09	1.35	1.2	7.03	10.31
自有住房	46 2664.01	645 229.97	76.60	80.5	82.34	84.84
总资产	604 013.36	801 482.45	100.00	100.0		
负债						
购房借款（银行贷款）	6 155.60	10 071.68	1.02	1.26	4.53	5.63
购房借款（向亲友借款）	2 017.17	5 303.88	0.33	0.66	5.31	10.78
汽车借款	338.81	0.00	0.06	0.00	0.47	0.00
其他长期借款	26.65	0.00	0.00	0.00	0.16	0.16
短期消费贷款	10.13	1.74	0.00	0.00	0.63	0.31
其他短期贷款	2.56	3.64	0.00	0.00	0.31	0.47
负债总额	378.16	15 380.95	0.06	1.92		
平均的资产负债率	0.06	1.92				

从资产负债表的各项金融资产来看：家庭平均拥有的现金与上年基本持平，大约为 4 159 元。2010 年家庭持有的活期存款为 10 401.3 元，略高于 2009 年的 10 287.1 元。定期存款和储蓄性保险的拥有率都较 2009 年有较大幅度增长。其中家庭定期存款的拥有率从 2009 年的 76.56% 上升到了 2010 年的 81.41%，平均额度由 37 842.78 元增加到 52 424.8 元。储蓄性保险的拥有率从 17.50% 上升到 28.28%，说明家庭在增加储蓄的同时，更加注重购买保险产品来分散和转移风险。按市值计算，家庭持有的基金额度有所下降，平均每个家庭从 3 646.9 元下降到了 2 943.8 元，家庭持有基金的比例下降了 1.72 个百分点，表明一部分家庭退出了基金产品市场。家庭持有股票的额度有所上升，平均每个家庭从 2009 年的 15 380.14 元上升到 2010 年的 17 473 元，持有股票的家庭占全部跟踪样本家庭的比例也有所增加。此外，家庭养老金账户积累有所下降，这可能和部分家庭户主已到退休年龄有关。跟踪调查表明，住房公积金的拥有率提高了 5.46 个百分点。但由于有些家庭刚刚拥有住房公积金，其初始积累的公积金额度较小，所以平均来看家庭的住房公积金额度略有下降。另一个原因是，一部分家庭需要买房，使用了一部分公积金。

从家庭持有的实物资产看，家庭的大件耐用消费品、保值商品自有汽车和住房的价值均呈上升趋势。其中，住房的拥有率提高了 2.5 个百分点，说明有 2.5% 的被跟踪家庭在两次调查的间隔时间内拥有了自有住房。这也是家庭拥有的住房平均价值增加的原因之一，另一个原因则是房价的上涨。家庭拥有的住房价值平均由 2009 年的 46.2 万元增加到了 2010 年的 64.2 万元。其次，随着居民家庭保值商品和自有汽车价值增加，这两项的拥有率也明显增加，说明有越来越多的家庭重视财富的保值。

从负债的角度看，由于家庭住房拥有率上升，家庭在购买住房时借款的额度也有较大幅度地上升。这个趋势既表现在向银行借款的项目上，也表现在向亲友借款的项目上。具体而言，被跟踪家庭向银行借款的比例增加了 1.1 个百分点，这些借款家庭持有银行贷款的平均额度也从 14.22 万上升到了 18.18 万元。被跟踪家庭向亲友借款的比例则增加了 5.47 个百分点，这些家庭平均持有的从亲友那里借来的款项达到 6.24 万元，平均增加了 1 300 多元。

5.1.2 被跟踪调查家庭的收入变动情况

跟踪调查显示，一线城市被跟踪调查的家庭收入有所增加。平均每户家庭收入从 2009 年的 6.68 万元增加到 2010 年的 7.77 万元。从结构上看，经营性收入有所降低，从平均每户的 1.319 万元下降到了 1.298 万元。拥有经营性收入的家庭占全部跟踪样本的比例基本持平。家庭获得的工薪收入增加了 6 979 元，其中固定工资和津贴平均每户从 3.2 万元提高到 3.62 万元，拥有率也提高 0.9 个百分点。奖金所得的平均每户收入从 0.39 万元提高到 0.60 万元。工作外的劳动收入从 1 340 元提高到了 2 287 元。值得注意的是，一线城市被跟踪调查家庭的工作外劳动收入的拥有率达到了 100%，说明家庭获得工薪收入的来源呈多样化的趋势（见表 5-2）。

在 2010 年至 2011 年两次调查的间隔内，家庭的财产性收入变化特征较为明显。首先家庭从投资股票上盈利越来越困难。跟踪调查显示，投资股票盈利的家庭数量从 2009 年的 11.3% 下降到了 6.3%，而亏损家庭的占比基本持平。这说明一部分盈利的家庭退出了股票市场。尽管投资股票亏损的家庭亏损额度有所下降，但如果将全部被跟踪调查的家庭看成一个整体，由于盈利的家庭数量减少，所以亏损额度仍有所上升。平均每个家庭投资股票已亏损 1 392 元，比 2009 年增加了 118 元。2010 年，家庭投资基金产品获利较少。将投资基金赚钱的家庭的获利所得平均到所有被跟踪家庭只有 69.87 元，低于 2009 年的 110 元；而将投资基金亏损家庭的亏损额度平均到所有被跟踪家庭则达到 475 元，尽管这一数字略低于 2009 年的水平，但总体来看，家庭投资基金的亏损额度有所上升。

一个明显的现象是，在投资股票和基金亏损增加的情况下，家庭更注重通过储蓄等方式获得利息，提高财产性收入的安全性。统计显示，家庭投资国债、存款和储蓄性保险获得的财产性收入无论从拥有率还是额度上均有大幅提高。其中投资国债获得收入的家庭比例从 1.9% 上升到了 4.2%，导致从总量上看家庭从投资国债上获利增加了 1.16 倍。平均每户家庭从储蓄存款上获利息 1 047.60 元，比 2009 年增加了 408 元。被跟踪调查家庭储蓄性保险获得利息收入也呈增加趋势，平均每户从 2009 年的 183.55 元增加到了 2010 年的 251.97 元。

此外，家庭的转移性收入也有所增加，主要表现在离退休保险基金平均每户由 5 458.10 元增加到了 6 890.02 元，单位缴纳的三险一金平均增加了 143 元左右，其他性质的转移性收入增加了约 822 元。总体来看，转移性收入平均每户增加了约 2 121 元。

总的来看，对被跟踪家庭收入增长贡献最大的是工薪收入和转移性支付这两个部分。

5.1.3 被跟踪调查家庭的支出变动情况

表 5-3 显示的是被跟踪家庭 2009 年和 2010 年支出变动的情况。被跟踪家

表 5-2　被跟踪家庭的收入变动情况

项目名称	总体均值（元）		收入/总收入（%）		参与均值		拥有率（%）	
	2009 年	2010 年	2009 年	2010 年	2009 年	2010 年	2009 年	2010 年
经营性收入	13 190.91	12 982.92	19.7	16.7	47 790.56	50 544.66	28.8	28.9
工薪收入								
固定工资与津贴	32 299.66	36 223.72	48.3	46.6	39 970.80	44 974.52	80.5	81.4
奖金	3 906.85	6 014.40	5.8	7.7	9 039.09	13 179.88	40.3	40.6
工作外劳动收入	1 340.22	2 287.61	2.0	2.9	1 340.22	2 287.61	100.0	100.0
财产性收入								
股票收入（盈利）	895.92	777.06	1.3	1.0	7 831.97	11 990.27	11.3	6.3
股票收入（亏损）	2 170.51	2 169.05	3.2	2.8	17 808.19	15 401.77	11.3	11.3
净收入	-1 274.59	-1 391.99						
基金收入（盈利）	110.57	69.87	0.2	0.1	3 745.25	2 806.65	2.8	2.0
基金收入（亏损）	487.34	475.35	0.7	0.6	9 831.52	8 656.63	4.5	4.1
净收入	-376.77	-405.48						
国债变现收入	125.97	270.04	0.2	0.3	5 530.09	4 772.23	1.9	4.2
存款利息	639.39	1 047.60	1.0	1.3	943.31	1 292.05	63.3	75.2
储蓄性保险利息	183.55	251.97	0.3	0.3	1 186.00	1 259.04	13.9	17.3
其他财产收入	276.23	124.08	0.4	0.2	7 323.48	5 120.31	3.6	2.8
转移性收入及其他收入	7 929.57	10 050.24	11.9	12.9	21 498.91	22 766.56	35.5	40.8
离退休保险金	5 458.10	6 890.02	8.2	8.9	9 931.49	11 867.90	53.4	56.7
三险一金（单位缴纳）	127.47	270.15	0.2	0.3	3 086.32	4 150.64	3.9	5.6
其他转移性收入	3 919.33	4 741.45	5.9	6.1	6 921.96	7 281.30	55.0	62.7
纳税额	-882.45	-1 606.22	1.3	2.1	-2 694.90	-4 929.71	28.6	26.9
总　计	66 863.44	77 750.52	100.0	100.0				

庭的每月出额度从2009年的3 342元增加到了2010年的3 575元。这意味着全年支出的增加约为2 796元左右。其中增加幅度最大的是饮食支出，支出占比增加了7.5个百分点；此外医疗费用略有增加，其他项目的支出基本持平或略有减少，不再赘述。

表5-3　　　　　　　　　被跟踪家庭的支出变动情况

项目名称	平均值（元/月）		支出占比（%）		拥有率（%）	
	2009年	2010年	2009年	2010年	2009年	2010年
饮食支出	1 360.63	1 722.87	40.7	48.2	100.0	100.0
衣着	242.44	213.94	7.3	6.0	100.0	100.0
家庭设备及用品	189.57	169.03	5.7	4.7	100.0	100.0
通讯费	179.62	162.82	5.4	4.6	100.0	100.0
交通费	222.88	182.02	6.7	5.1	100.0	100.0
自付医疗及保险费用	117.56	121.57	3.5	3.4	100.0	100.0
文化娱乐及应酬费用	152.65	158.60	4.6	4.4	100.0	100.0
居住费用	304.70	305.69	9.1	8.6	100.0	100.0
赡养费用	72.10	63.68	2.2	1.8	99.8	100.0
子女教育	257.26	226.89	7.7	6.3	99.8	100.0
非储蓄性保险产品	49.08	61.62	1.5	1.7	99.7	100.0
交往用礼金	149.71	148.81	4.5	4.2	100.0	100.0
公益捐助等	44.06	37.45	1.3	1.0	100.0	100.0
总计	3 342.26	3 574.99				

✱5.2　被跟踪家庭金融行为的变化情况

5.2.1　家庭理财

图5-1显示的是被跟踪的样本家庭中制订财务规划的比例。可以看出，经

过一年的时间，制订理财规划的家庭比例有所上升，从33%上升到了38%，说明一线城市越来越多家庭的理财行为具有了计划性。

否，67%　是，33%　　　　否，62%　是，38%

2009年　　　　　　　　　2010年

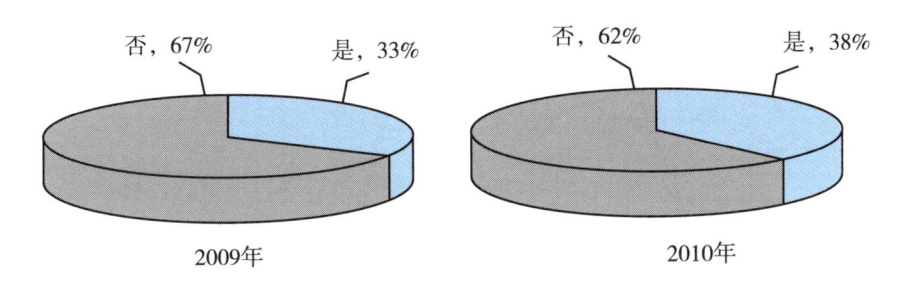

图5-1　被跟踪的一线城市家庭具有理财规划的比例

图5-2显示的是被跟踪的样本家庭中具有理财规划的家庭，其理财目的变化的情况。如第4章所分析，家庭理财的目的分成三类：第一类是平衡收支，目的是提高家庭的生活水平；第二类是追求财富的最大化；第三类是除第一、第二类以外的其他情况。调查显示，在被跟踪的一线城市家庭中，追求财富最大化的家庭比例有所上升，从2009年的53.5%上升到2010年的56.5%。说明这些家庭在理财过程中更加注重财富的积累。

其他，3%　平衡收支，提高生活水平，44%　　　其他，1%　平衡收支，提高生活水平，42%

实现财富最大化，53.5%　　　实现财富最大化，56.5%

2009年　　　　　　　　　2010年

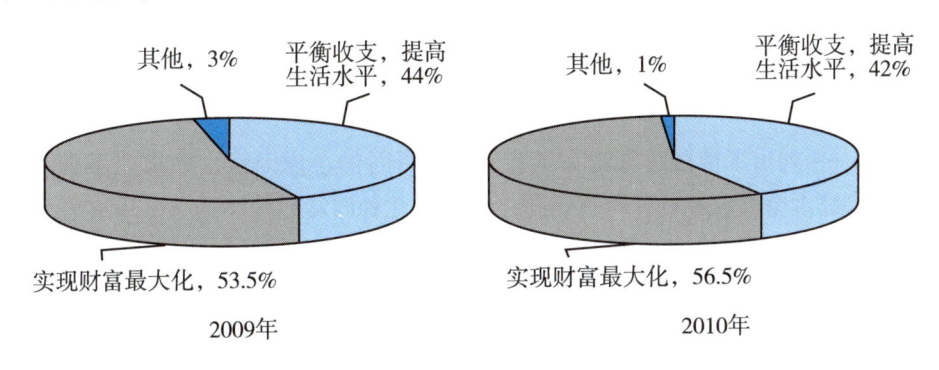

图5-2　被跟踪家庭理财目的的变化情况

图5-3给出的是被跟踪家庭理财信息来源的变化情况。图5-3中横轴标明了家庭理财信息的几种来源，纵轴则代表使用该信息渠道进行理财的家庭占全部家庭的比例。跟踪调研的结果显示，几种信息渠道的使用状况变化不大。但有一个现象值得注意——被跟踪的家庭向专业的投资机构或理财投资顾问进行咨询的比例有所上升。

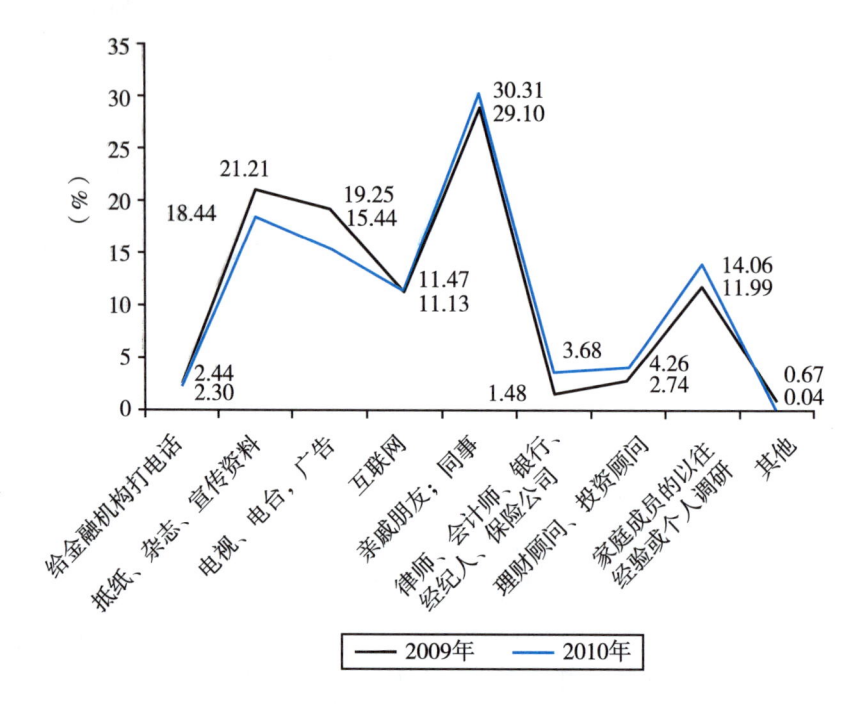

图 5-3 被跟踪的家庭理财信息渠道的变化情况

☞5.2.2 家庭储蓄

表 5-4 列出了被跟踪家庭在选择储蓄银行时的考虑因素，并按照考虑各种因素的家庭占全部家庭的比例进行排序，发现几种因素的排序结果并没有发生变化。但考虑前三种因素的家庭比例有所上升。

图 5-5 比较了被跟踪家庭对投资和储蓄的态度。通过跟踪研究发现，若有更多的投资机会，被跟踪家庭选择减少储蓄而进行投资的比例将有所增加，不会减少储蓄来进行投资的家庭比例有所减少。这说明，相对于储蓄而言，一旦出现有利的投资机会，家庭对投资的态度会出现更积极的变化。

☞5.2.3 家庭投资

图 5-6 列出了 2009 年和 2010 年家庭投资股票情况的对比。限于图幅，在图中仅给出持有 3 种股票以下的家庭变动情况。调查结果显示，在数量上 2010 年购买股票的家庭比 2009 年有所增加。其中购买 1 只股票的家庭由 6.43% 增加

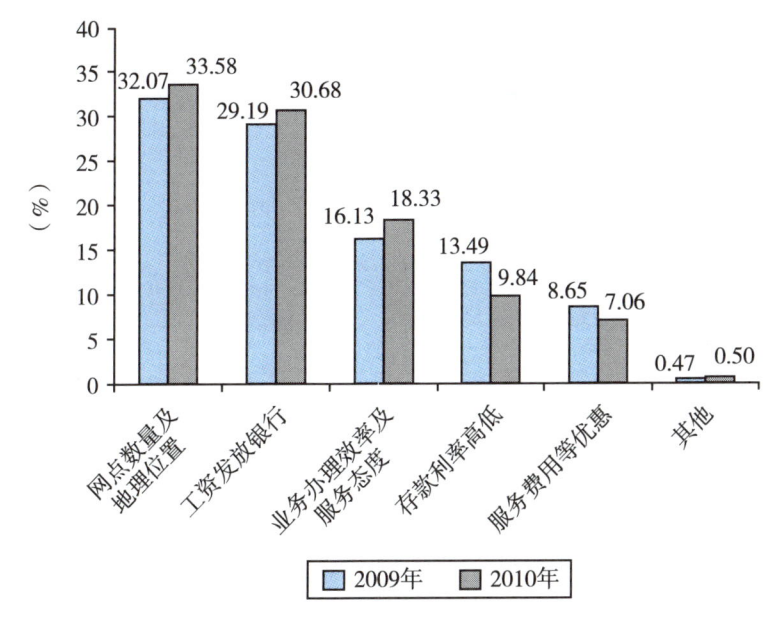

图 5-4　被跟踪的家庭选择储蓄银行时考虑因素变化情况

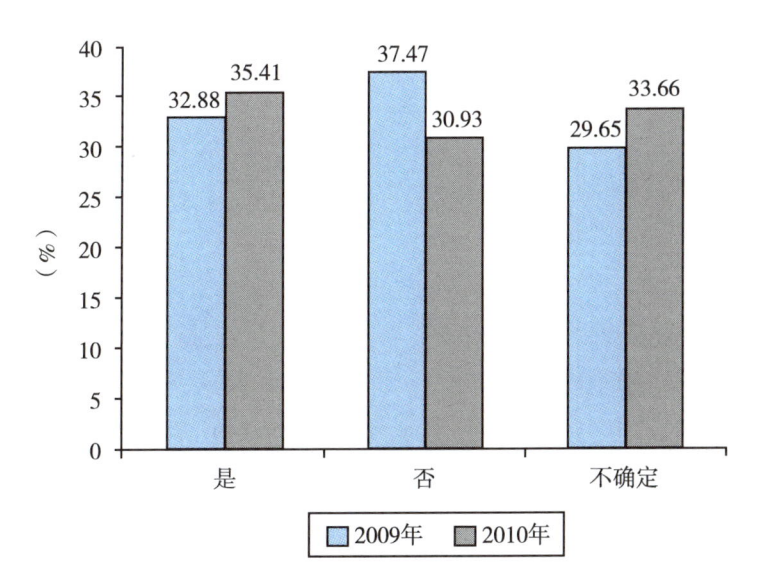

图 5-5　家庭对储蓄和投资的态度

到 7.92%；购买 2 只股票的家庭增加的幅度最大，增加了 4.78 个百分点；购买 3 只股票的家庭增加了 1.82 个百分点。一方面表明家庭在股票投资方面更为积极，另一方面也表明家庭在股票投资时开始注意分散投资风险。

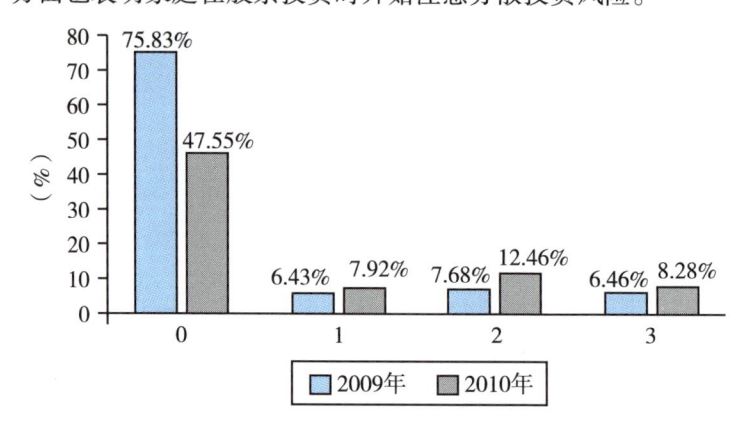

图 5-6　被跟踪家庭持有股票的变化情况

图 5-7 列出了被跟踪家庭持有基金的变化情况。跟踪调查发现家庭持有基金的比例同样呈上升趋势。具体来看，持有两种基金的家庭上升幅度最大，由 2009 年的 2.11% 上升到 2010 年的 6.95%；其次是持有 1 种基金的家庭，所占比例由 2009 年的 5.32% 上升到了 2010 年的 7.21%。限于图幅，同样没有给出持有 3 种以上基金的家庭所占比例的详细变化情况。

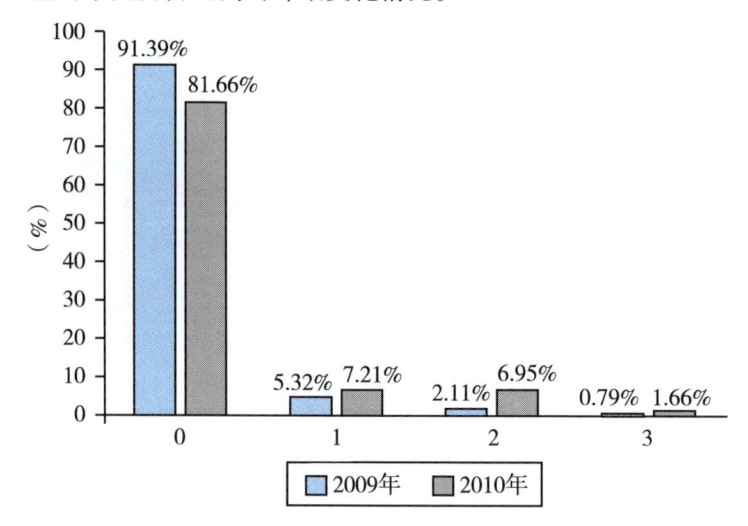

图 5-7　被跟踪家庭持有基金的变化情况

如表 4-7 所示，考察家庭对常见投资产品风险的评价标准是一致的：假定给股票的风险打 10 分，银行存款的风险打 0 分，让被跟踪家庭的受访者一年以后对常见投资产品的风险进行重新评价。图 5-8 给出了每种产品风险分值前后两年的对比情况。可以看出，受访者认为被调查的5种投资产品的风险在2009—2010年都有增加的趋势。其中基金的风险分值上升幅度较大，其次是外汇，上升幅度最小的是房地产，说明多数被跟踪家庭尽管认为投资房地产的风险有所上升，但相对于其他投资产品，仍是风险最小的投资产品。

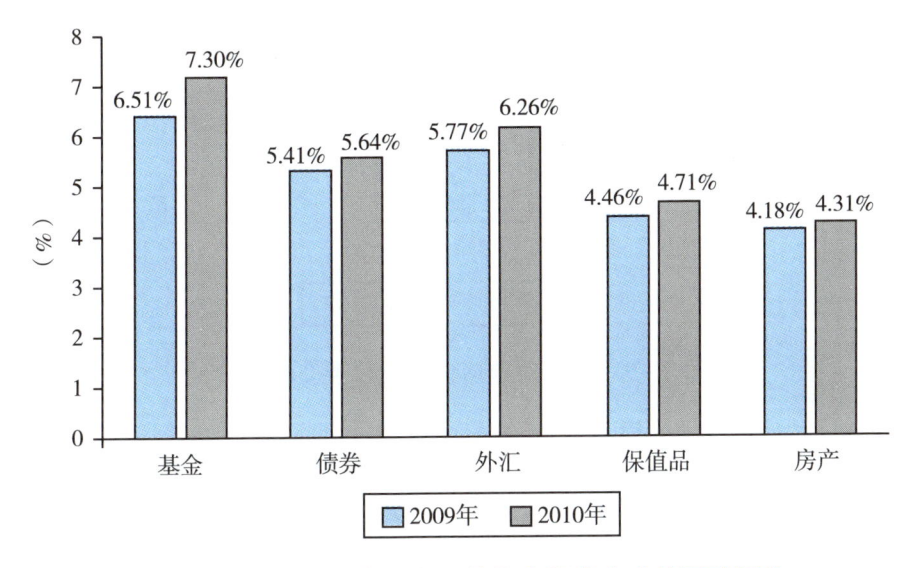

图 5-8　被跟踪家庭对常见的集中投资方式的风险评价

5.2.4　家庭融资

图 5-9 考察的是被跟踪家庭对申请住房贷款难度的认识。跟踪调查结果显示，2010 年被跟踪家庭认为申请住房贷款很困难和比较困难的比例有所上升；与之相对应，认为申请住房贷款难度一般和比较容易的家庭比例有所下降；只有 3.8% 的家庭认为申请住房贷款比较容易，比 2009 年上升了约 1.13 个百分点。究其原因，一是 2010 年房价总体上处于上涨趋势，相应地会加重家庭申请住房贷款所承受的债务负担。二是被跟踪家庭大多数都拥有住房，若申请住房贷款则多用于购买第二套或第三套住房，而银行业监督委员会提高二套房和多套房贷款比例的政策也相应加大了家庭申请贷款的难度。

图 5-10 给出了家庭对申请住房装修贷款难度的认识变化情况。跟踪调查结果显示，认为申请住房装修贷款很困难的家庭占比有所下降，而认为申请难度"一般"、"比较容易"的比例有所上升，说明总体上家庭对商业银行推出的消费贷款项目认知度有所提升。

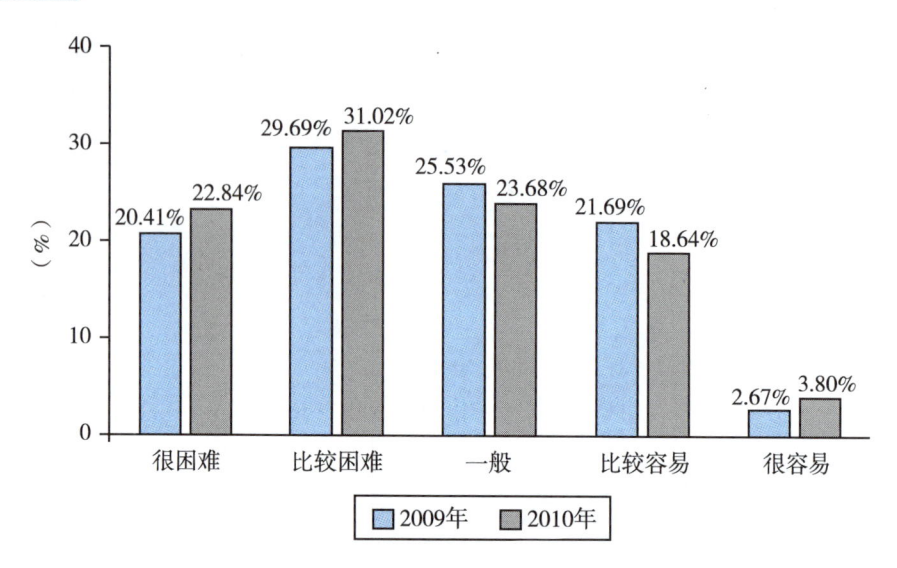

图 5-9 家庭对申请住房贷款难度的认识

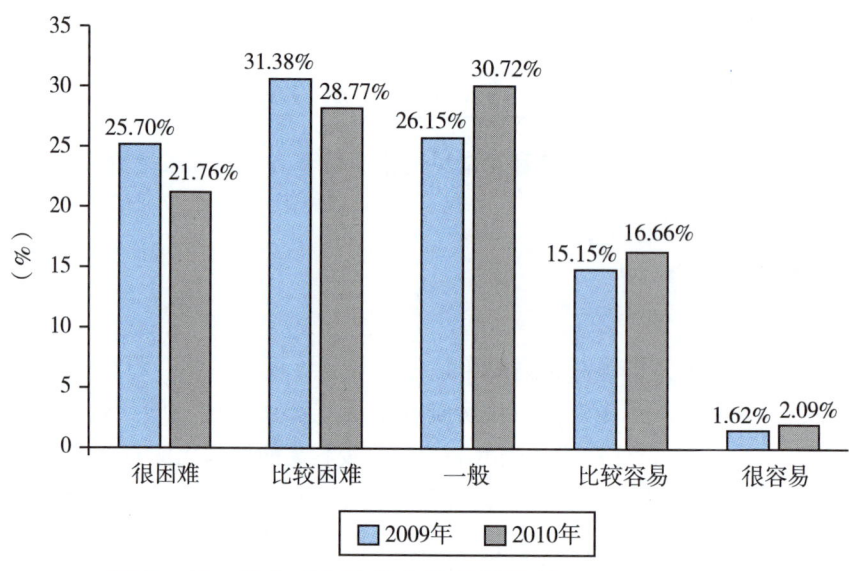

图 5-10 家庭对申请住房装修贷款的难度认识的变化

图 5-11 给出的是家庭对申请教育贷款难度的认识变化情况。经对比发现：总体上被跟踪家庭认为申请教育贷款的难度有所降低。

具体而言，认为申请教育贷款很困难的家庭从 2009 年的 26.28% 下降到了 2010 年的 20.46%；认为申请教育贷款比较困难的家庭比例基本持平；但认为申请教育贷款难度"一般"、"比较容易"的家庭比例都有所上升。

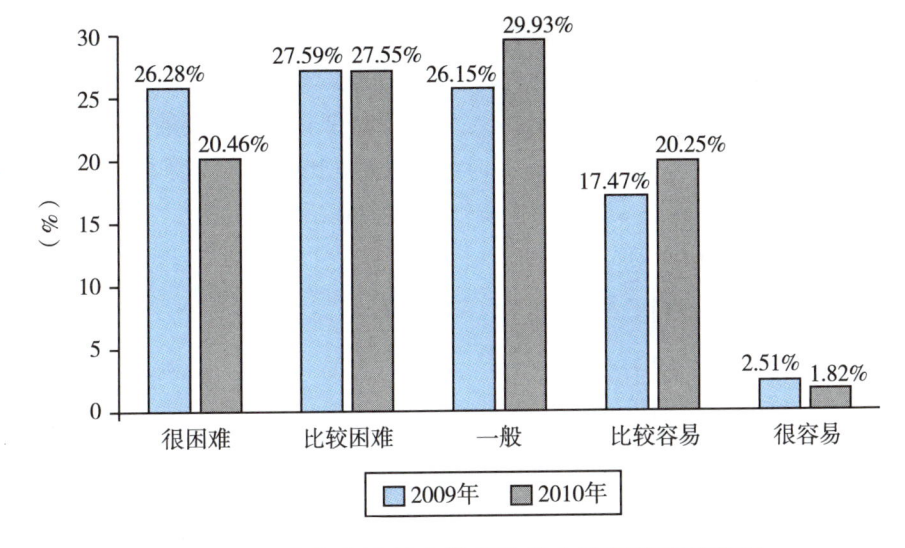

图 5-11　家庭申请教育贷款的难度认识的变化情况

5.2.5　个人信用卡

图 5-12 给出的是关于信用卡额度是否合适的调查结果。在调查中，按个人的使用要求，将银行授予的信用卡额度划分为：过低、略低、合适、略高等四个等级。跟踪调查结果发现，2010 年，认为银行授予的信用额度合适的比例有所提高，认为过低和略低的比重均有所下降，认为略高的比重基本上处于持平状态。从另一个角度看，跟踪调研的结果也表明，商业银行的信用卡授信工作变得更加合理。

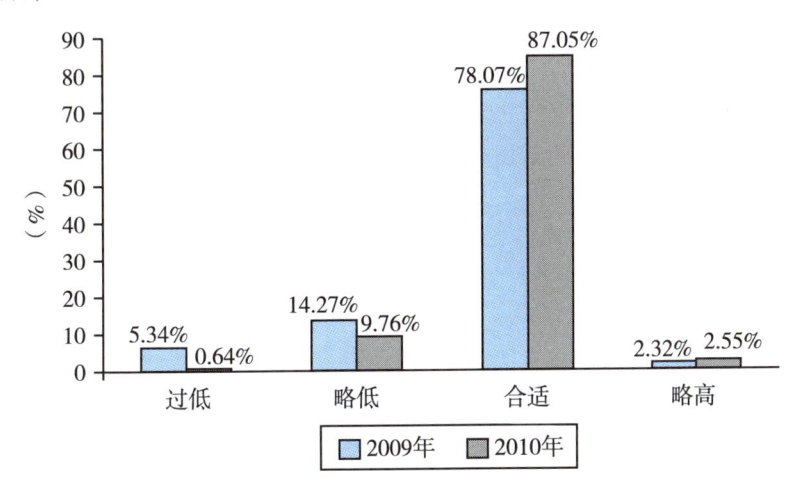

图 5-12　关于信用卡使用额度是否合适的调查结果

图 5-13 是两年来被跟踪家庭偿还信用卡债务的情况。调查结果显示：2010年信用卡债务没有发生延期的家庭大约占家庭总数的 86.37%，比 2009 年高出近 2 个百分点，说明多数家庭的到期偿还意识有所增强；很少延期的家庭比例有所上升，上升幅度达 4.55 个百分点；有时延期的家庭比例有所下降，下降 6.47 个百分点。总的来看，家庭偿还信用卡债务的延期风险有所下降。

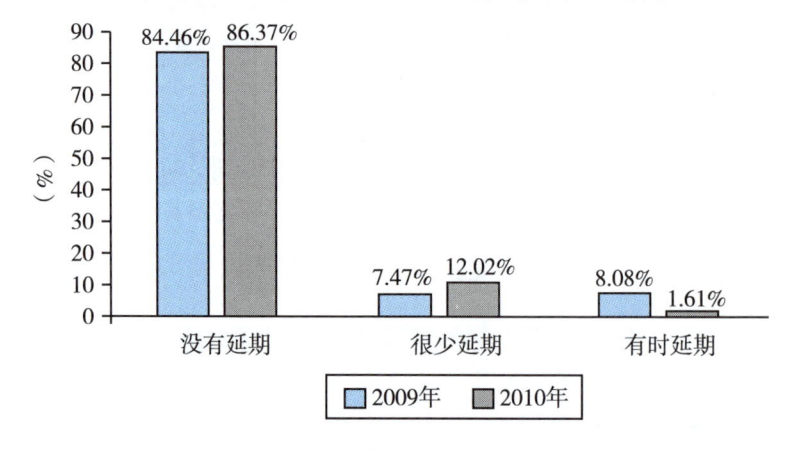

图 5-13 偿还信用卡债务发生延期支付的情况

附录1　关于调研报告的说明

调研区域

本报告样本来自中国大陆城市，不包含港澳台地区。报告中的样本城市均为我国行政区划中地级以上的城市。

调查对象

本报告所指的家庭为居住在一起，在经济上相互依赖，家庭收入和开支合并管理和使用的基本经济单位。需要额外赡养但并不在一起生活的老人不计算在内。受访者要求必须年满18岁，了解家庭的经济财务状况，在家庭的经济决策中起主要作用。

调研方法

调研问卷参考美联储消费金融调研（Survey of Consumer Finance，SCF），并结合中国实际，在上次调研的基础上做出改进。实地执行于2011年7月至2011年9月，由专业的调研机构协助完成。调研综合考虑了城市的规模、经济发展水平、储蓄水平、消费水平、消费条件等指标。首先对我国的城市进行分层，将全国地级以上城市分为三类，同时考虑了我国经济发展水平的地区差异，本次调研城市覆盖了东北、华北、华东、华南、华中、西北、西南地区，并且在每个地区选取的调研城市均覆盖了三类城市，调研的城市共24个。在确定各城市子样本时，根据城市的小区分布和人口分布遴选小区，对小区进行随机抽样，在非工作时间进行入户访问，并严格监督调研过程和数据复核，共收集了有效样本5 982份。

城市具体分布如附表所示：

附表	城市分布	
区域	城　市	
东北	伊春　吉林　沈阳	
华北	北京　郑州　包头	
华东	济南　徐州　上海　安庆　南昌	
华南	泉州　广州　桂林　海口	
华中	洛阳　武汉　株洲	
西南	攀枝花　重庆　昆明	
西北	乌鲁木齐　白银　西安	

数据处理

本问卷数据处理由清华大学中国金融中心完成。在数据处理的过程中，对有疑问的数据进行了多次复核，按照逻辑关系填补缺失数据，对于无法填补或出现异常值的情况，则在统计中舍弃。数据处理采用了 SAS9.2。

权重

如上所述，问卷调研遍及全国 24 个城市，综合考虑地域、经济及金融发展情况后进行城市的遴选。确定样本城市后，再按照该城市小区分布和人口分布，进行随机抽样。各样本城市所代表的权重参照《2010　中国城市（镇）生活与价格年鉴》中人口数据计算得出。

附录 2　重要术语的解释性说明

本附录将对报告中涉及的一些术语含义作简要的解释性说明。

一、家庭的基本情况

1. 家庭人口：指居住在一起，经济上在一起共同生活的家庭成员，如父母或子女如果不和您的家庭在一起生活，不应计算在内。

2. 赡养老人数：指家庭须尽赡养义务的老人数目，无论是否和家庭生活在一起，都应该计算在内。

二、家庭的资产负债情况

1. 储蓄性保险：指到期能够归还本金、并能获得增值的保险险种。包括：财产两全保险、人身两全保险、养老保险等能够收回本金的储蓄性保险。

2. 企业年金：指企业在按规定缴纳基本养老保险后，可以在国家政策指导下，根据本单位经济效益情况，为职工建立的补充养老保险。

企业年金与基本养老保险既有区别又有联系，其联系主要体现在两种养老保险的政策和水平相互联系，密不可分。企业年金和基本养老保险都是国家社会养老保障体系的组成部分。同时，企业年金也不同于商业寿险，商业寿险是以盈利为目的保险商品而企业年金属于企业职工福利和社会保障范畴，不以盈利为目的。

通俗讲，企业年金就是企业每个月从自己的员工收入中拿出一部分，或者拿出企业的营业利润的一部分，成立一个基金，这个基金可以由企业自己的资产管理公司管理，也可以交给专业的投资银行、证券公司管理，购买债券、股票等金融产品，在基金保值的基础上争取最大的收益。最终的收益都会由参与该企业年金的职工所分享。

3. 大件耐用消费品：包括洗衣机、电冰箱、冰柜、空调、家具等生活用设备；电视机、高级音响、音像类器材、家用电脑、健身器材等文化娱乐设备；除汽车外的交通设备，如自行车、助力车和摩托车等；以及其他价值1 000元以上的耐用消费品。上述产品若用于家庭的商业经营则不应计算在本栏目内。

4. 保值商品：指黄金、首饰、古玩、玉器、字画、集邮等各种收藏品。与耐用消费品不同，首先保值物品的价值波动来自市场对保值商品的估值，而不是持有者的消费。其次，耐用消费品的价值一般随着使用时间的增加逐渐折损而降低。保值物品的价值一般随着保有时间的增加会升值。

5. 商业资产：用于家庭商业经营的资产，包括商业经营的设备、存货等。

6. 住房：指由家庭购买或建造并拥有产权的房屋。住房的价值应为受访家庭所在城市的盯市价格。

7. 其他长期贷款：除购房和购车外，所有期限在一年以上的贷款。

8. 短期消费贷款：指贷款期限在一年以内的、用于家庭消费的贷款，如旅游、婚庆、助学贷款，装修贷款等。

9. 其他短期借款：指贷款期限在一年以内，用于除家庭消费以外的贷款。

三、家庭的收入

1. 经营性收入：指家庭成员从事生产经营活动所获得的净收入，是全部经营收入扣除经营成本和税金后的所得收入。

2. 奖金：指以各种奖励形式获得的劳动报酬。

3. 工作外劳动收入（4BD）：指家庭成员从事第二职业、兼职或零星劳动所得的劳动报酬。如稿费、翻译费、讲课费、课题费、咨询费、信息费等净收入。

4. 股票、基金、债券的收入为一年中投资股票、基金、债券的净收入，指由于股票、基金和债券买卖变现所获得的增加值部分，或持有股票基金债券等分得的利息和红利等。

5. 其他财产性收入：包括（1）从事住房出租获得的租金收入；（2）拥有知识产权或专利权所获得的净收入；（3）出售艺术品、邮票等时，由于升值带来的收入；（4）投资其他经营活动（指自己不参与经营）所获得的利润；（5）财产（如房产）转让溢价等获得的收入；（6）其他由于家庭持有财产获得的收入。

6. 离退休或养老金：指根据国家规定，离开生产或工作岗位，正式办理了离退休手续并享受离退休待遇的人员领取的离退休金，包括退休人员的退休金、离休人员的离休金、生活补贴、保姆津贴、因公致残的离退休人员的护理费用、离退休人员的安家补助费、取暖补贴、医疗费、旅游补贴、书报费、困难补助以及退休后从原工作单位获得各种其他收入。

7. 三险一金：指家庭工作成员当年由工作单位缴纳的三险一金的价值（养老、医疗，失业保险和住房公积金）。

8. 其他转移收入：（1）指家庭得到的社会救济、辞退金；（2）由国家或单位、个人支付给家庭的各种损失赔偿；（3）参加保险的住户从保险公司获得的赔偿（如人身意外事故、财产损失，但不包含储蓄性保险的返回的年金）；（4）亲友因尽赡养义务而提供给家庭的赡养现金等；（5）因亲友捐赠获得的收入；（6）其他前述5项不能包含的转移性收入，如抚恤金、转业费、彩票中奖收入等。

四、家庭的储蓄

1. 家庭储蓄：指家庭的存款和储蓄性保险，以及能够收回本金和利息的储蓄性产品。债券、股票等可以通过上市买卖，属于家庭投资，不计算在本项目内。

2. 每月最低储蓄：该项要求受访者填写一年12个月中，家庭每月储蓄金额的最低值是多少。"家庭每月储蓄金额"是指，家庭当月所得扣除当月的花费后用于储蓄的部分。

五、家庭消费

1. 饮食支出：包括居民为摄取身体所需要的营养和满足嗜好而进食的各种消费品。包括粮食、食用油、肉禽蛋水产品、蔬菜、干鲜果品、烟酒茶糖、饮料、糕点、乳制品，其他上述食品以外的食品；也包括在外用餐和食品加工费用。

2. 衣着：指各种穿着用品及加工穿着用品的各种材料，包括各种棉、麻、丝、毛、人造纤维、合成纤维等各种布匹及加工的服装，鞋袜衣帽等穿着用品，以及服装加工费用。

3. 家庭设备用品及服务：指各类消费品及家庭服务。包括家庭的电子电器设备、家具、装饰用品、纺织装饰用品、灯具、厨房、饮水、喝茶、清洁用品、家庭消费使用的各种日杂用品（日用化工产品、小五金、电料、针线等）；家政服务和加工维修费用等。

4. 通信用品：用于通信方面的全部支出，包括购买手机、电信费、邮政费用等。

5. 交通费：指用于购买交通工具（汽车除外）的费用、修理服务费和油料费等支出。需要提示的是：用于家庭经营活动中的交通工具计入商业资产，其发生的费用计入经营活动的成本，故相关内容不列入此项。

6. 自付医疗保健费用：指用于医疗和保健的药品、用品及服务所花费的费用。包括医疗器具、保健用品、医药费、滋补保健品、医疗保健服务及其他医疗保健费用。

7. 文化娱乐及应酬：指用于购买包含文化娱乐用品及服务的费用。如购买电视机、电脑、音响、体育用品、健身器材、订购的报刊等。参观、游览健身、旅游等文化娱乐服务业包含在此项。

8. 居住：指因居住发生的水电燃料、物业、维修、房租、取暖费及与上述有关的设备的初装费用等。

9. 赡养支出：指调查户因赡养和抚养义务而付给亲友的现金。这里的亲友指不和被调查家庭在一起生活的父母或子女。

10. 子女教育：指家庭用于子女教育的费用。

11. 非储蓄性保险产品：指用于购买不能收回本金的各种保险产品的支出。这些保险包括：人身意外伤害保险、医疗保险、财产保险、责任保险等。

12. 礼金：指用于亲友交往的各种礼金（如婚丧嫁娶、升迁贺礼、乔迁之喜等），属转移性支出。

13. 其他转移性支出：指除税赋、赡养、礼金外的其他转移性支出，如公益捐赠、买彩票、交罚款、赔偿他人的支出、政府向居民收取的服务费，如迁移证、身份证等办理费用等。

六、家庭融资

本部分不含家庭的短期消费融资。

1. 非银行正规金融机构：指除银行外的保险公司、信托投资公司、金融租赁、汽车金融服务公司、金融担保公司等正规金融机构。

2. 民间贷款机构和个人：指向居民家庭提供资金的民间组织（如投资类公司、寄售行、典当行等）或个人。

七、信用卡

信用卡张数：指持卡人持有的活卡张数，活卡被定义为激活并使用过。

图书在版编目（CIP）数据

中国消费金融调研报告．（2011）/廖理主编．—北京：经济科学出版社，2014.1
ISBN 978-7-5141-4236-5

Ⅰ．①中… Ⅱ．①廖… Ⅲ．①消费贷款-研究报告-中国-2011 Ⅳ．①F832.479

中国版本图书馆 CIP 数据核字（2014）第 004476 号

责任编辑：齐伟娜　金　梅
责任校对：杨　海
责任印制：李　鹏

（2011）
中国消费金融调研报告
主　编　廖　理
副主编　张金宝　任静贤　宋　哲
经济科学出版社出版、发行　新华书店经销
社址：北京市海淀区阜成路甲 28 号　邮编：100142
总编部电话：88191217　发行部电话：88191540
网址：www.esp.com.cn
电子邮箱：esp@esp.com.cn
天猫网店：经济科学出版社旗舰店
网址：http://jjkxcbs.tmall.com
北京盛源印刷有限公司印装
710×1000　16 开　10.5 印张　190000 字
2014 年 3 月第 1 版　2014 年 3 月第 1 次印刷
ISBN 978-7-5141-4236-5　定价：36.00 元
（图书出现印装问题，本社负责调换）
（版权所有　翻印必究）